Gottfried Feder

MANIFESTE POUR BRISER LES CHAÎNES DE L'USURE

Gottfried Feder
(1883-1941)

Gottfried Feder était économiste et homme politique. Il fut notamment le théoricien économique du *NSDAP*. Durant la Première Guerre mondiale, il développa une hostilité marquée à l'égard des banquiers et rédigea ce *Manifeste*.

DAS MANIFEST ZUR BRECHUNG DER ZINSKNECHTSCHAFT DES GELDES - 1919

MANIFESTE POUR BRISER LES CHAÎNES DE L'USURE

Traduit de l'allemand et publié par Le Retour aux Sources
www.leretourauxsources.com

Préface de Michel Drac

Gottfried Feder, l'homme qui voulait dépasser la lutte des classes

Gottfried Feder naît en 1883 dans le nord de la Bavière, enfant de la petite bourgeoisie, fils de fonctionnaire. Il étudie l'ingénierie et l'architecture à Munich.

Là, il adhère à une fraternité étudiante (Burschenschaft), le « Corps Isaria ». C'est une association assez influente, qui regroupe les élèves et anciens élèves des meilleures universités de Munich. Elle fonctionne en pratique comme une franc-maçonnerie. Avec Feder, nous avons certes affaire à un penseur original, mais certainement pas à un esprit isolé. L'homme appartenait aux réseaux informels de l'élite intellectuelle et sociale allemande de son temps.

En 1908, il est associé dans une entreprise de travaux publics. Son parcours l'amène ensuite naturellement à travailler dans le cadre de l'économie danubienne, jusqu'en Bulgarie. On pourrait, à la veille de la Première Guerre mondiale, le définir comme un des officiers subalternes de la grande offensive commerciale, mais aussi géopolitique, lancée par l'Allemagne vers les Balkans et, à travers eux, jusqu'en Turquie.

Ce parcours personnel éclaire sans doute les engagements ultérieurs de Feder. La Grande Guerre, il la fit à la manière d'un entrepreneur, d'un ingénieur, d'un économiste.

Bien plus que la question de l'Alsace-Lorraine ou le destin prématurément interrompu d'un archiduc autrichien, 14-18 fut en effet avant tout la guerre totale voulue par la Grande- Bretagne pour empêcher l'Allemagne de constituer une économie continentale associant Berlin, Vienne, les Balkans et la Turquie - avec en ligne de mire, déjà, le pétrole d'Irak. Or, cette guerre-là, la vraie guerre de 14-18, au fond, Gottfried Feder l'avait déjà faite bien avant 1914. Et son expérience propre, donc, le prédisposait sans doute à percevoir les enjeux réels du conflit mieux que les combattants de première ligne - comme on s'en rendra compte en le lisant.

En 1919, c'est en tout cas un homme parfaitement au fait des réalités géopolitiques de son temps qui publie *Le manifeste pour briser les chaînes de l'usure.*

Dans la foulée, l'ingénieur bavarois métamorphosé en économiste fonde le « Deutscher Kampfbund zur Brechung der Zinsknechschaft », littéralement une « ligue de combat » pour briser les chaînes de l'usure. Cette

« ligue » n'était nullement une lubie d'intellectuel perdu dans le concept. Elle visait à fédérer l'action des « syndicats libres », tant de travailleurs que de patrons, autour d'un objectif commun : empêcher que les alliés, tirant profit de leur victoire militaire, n'étouffent définitivement le développement industriel allemand en utilisant leur mainmise financière pour capter intégralement la valeur ajoutée produite par l'économie d'Outre-Rhin. Il était question de nationaliser les banques en vue de réduire drastiquement le service de la dette, tant publique que privée.

Feder se trouvait ici à l'intersection de deux problématiques qui, momentanément, se confondaient presque : d'une part l'émergence d'une lutte des classes à l'intérieur même du Capital (entre industriels allemands et banquiers internationaux), et d'autre part le paroxysme de l'affrontement entre la géopolitique de l'empire britannique maritime et celle de l'empire allemand continental. Et comme on le verra en lisant son *Manifeste pour briser les chaînes de l'usure*, l'argumentation de Feder souligne cette configuration, et la récupération de cette argumentation par Hitler en anticipait sans doute les conséquences politiques : la possibilité se faisait jour d'un déplacement du front principal de la lutte des classes, le capital industriel et le travail se trouvant temporairement rejetés du même côté de la ligne invisible mais décisive qui sépare ceux qui produisent la plus-value de ceux qui la captent.

Nous sommes malheureusement assez mal renseignés sur les circonstances qui firent de cet ingénieur et économiste obscur un acteur important de l'histoire de son pays. Nous savons que Feder, probablement via les contacts pris au sein du Corps Isaria, avait adhéré à la société Thulé, société secrète à l'origine de la fondation du futur NSDAP. Nous savons qu'il avait aussi, au fil de sa carrière, noué des relations étroites avec nombre d'acteurs économiques importants de l'économie danubienne. Mais dans le chaudron de sorcière qu'était devenue Munich en 1919, alors que l'Allemagne ruinée par la Grande Guerre oscillait entre soumission et révolte, alors que les corps francs et les milices communistes réglaient leurs comptes à la mitrailleuse dans les rues-mêmes que les nationalistes allemands empruntaient pour se rendre aux conférences de Gottfried Feder, comment savoir quels réseaux manipulaient quels réseaux ? Feder se trouvait à l'intersection de plusieurs groupes agissant : la société Thulé, les syndicats libres, les milieux d'affaires danubiens, la classe politique bavaroise - par mariage, il était entré dans la famille du ministre de l'intérieur du Land de Bavière. Comment savoir lequel de ces réseaux primait à ses yeux ? Comment savoir où il allait chercher ses consignes, ou même si quelqu'un lui en donnait ?

Mais au fond, sont-ce là les questions les plus importantes ? Nous pouvons sans grand risque estimer que, plus que de manipulations savantes et soigneusement planifiées, il faut, pour nous représenter l'époque, imaginer une soupe en ébullition, où des particules s'agrègent dans l'anarchie la plus totale, jusqu'à ce que, par hasard, une structure solide apparaisse. S'il y a un point sur lequel tous les témoins de ces temps troublés convergent, c'est pour souligner le caractère exaltant et fascinant de l'immédiat après-guerre en Allemagne : une société jusqu'alors la plus organisée qui fût, et, soudain, livrée à elle-même, en proie à ses passions.

En janvier 1919, parallèlement à ses multiples activités d'économiste et de conférencier, Gottfried Feder avait cofondé, avec une poignée d'amis[1], un « Parti ouvrier allemand » (Deutsche Arbeiterpartei). Pendant quelques temps, la structure resta semble-t-il en demi-sommeil, et sans doute n'était-ce pas, dans l'esprit de Feder, son engagement le plus significatif. Il faut dire que le DAP était initialement quelque chose d'assez modeste : plus un club qu'un parti, et au reste, un club de seconde zone, bien moins influent que l'association des syndicats libres ou la société Thulé. Il est possible que Feder ait

---

[1] Dont plusieurs membres de la société Thulé.

accepté de participer à l'opération tout simplement parce qu'il était dans sa politique de multiplier les réseaux, afin de diffuser ses idées par de multiples canaux.

Mais l'histoire est parfois ironique. Car c'est bel et bien par cette petite structure secondaire que le destin allait frapper à la porte de l'ingénieur Gottfried Feder.

Un jour de septembre 1919, à une réunion publique organisée dans l'arrière-salle d'une brasserie par le DAP, un inconnu intervint. C'était un caporal de l'armée allemande, venu en civil à la demande de son chef. Pour dire les choses brutalement, c'était, donc, un informateur de police. Mais dans l'ambiance assez particulière du Munich de 1919, il n'y avait là nul déshonneur, et les dirigeants du DAP s'empressèrent de recruter cet orateur brillant. Il faut dire que l'individu tombait à pic : les intellectuels timides du DAP cherchaient un ancien combattant capable de parler aux anciens combattants : ils avaient trouvé leur homme !

On s'aboucha avec le personnage, et pour rédiger sa carte de membre, on lui demanda son nom. Il s'appelait Adolf Hitler.

La suite est connue. Ce qui rend intéressant Gottfried Feder, c'est précisément qu'il se situe en amont de cette suite : l'histoire avant l'Histoire. Lire Feder, c'est remonter un des affluents majeurs du fleuve national-socialiste - peut-être, même, remonter jusqu'à sa véritable source.

*

On a donné de multiples interprétations du national-socialisme. Aujourd'hui, les enseignements de l'école de Francfort ont si profondément marqué les esprits que les explications psychologisantes ont tendance à prendre le pas sur toutes les autres. Et certes, on ne niera pas que ces explications contiennent leur part de vérité. Le rôle de la « personnalité autoritaire » structurée par une éducation germanique rigoureuse ne peut pas être évacué quand on étudie le « Führerprinzip », le primat absolu accordé à la parole du chef dans le système nazi.

Une autre piste fréquemment évoquée est celle du complot. On sait depuis longtemps, grâce aux travaux d'André Brissaud[2] par exemple, le rôle joué par la société Thulé dans la genèse ambiguë du national-socialisme. On connaît, par l'ouvrage

---

[2] André Brissaud, *Hitler et l'ordre noir : histoire secrète du national-socialisme* Librairie académique Perrin. 1969.

magistral d'Antony Sutton,[3] l'action des milieux d'affaires étrangers en faveur du parti nazi. De ces éléments épars est née l'idée que le national-socialisme, en somme, n'était dès l'origine ni national, ni socialiste, que son contenu était fort différent de son enveloppe, et qu'il fallait, pour le comprendre, l'insérer dans le cadre général des stratégies de classes déployées par les milieux patronaux pour faire pièce à la poussée communiste, dans l'Allemagne de l'entre-deux-guerres.

Et certes, là encore, la piste en question recèle une part de vérité. Il est évident que parmi les forces à l'origine du national-socialisme, un certain ésotérisme pagano-nordique a pu jouer un rôle important. Il est non moins évident que complot des classes dirigeantes il y eut, en Allemagne comme dans toute l'Europe des années 30, pour ériger le fascisme en rempart contre le bolchevisme. Évidence, vraiment, que tout cela...

---

[3] Anthony C. Sutton, *Wall Street et l'ascension de Hitler,* Le Retour aux Sources. 2012

MAIS

Mais si évidentes que seraient les pistes psychologisantes ou la véracité partielle de la théorie du complot, ces explications-là n'expliquent pas tout.

Dans l'Allemagne des années 1920-1930, des milliers, puis des dizaines de milliers, puis des centaines de milliers, puis des millions d'hommes ont cru au national-socialisme, l'ont espéré, en ont fait progressivement leur idéal. Ce fut un mouvement prodigieux, qu'on ne peut comparer au XXe siècle qu'au communisme. On se souvient des paroles de Brasillach sur le fascisme « immense et rouge » et son « rayonnement merveilleux ». Peut-on croire un seul instant qu'il ne s'agissait là que de fantasmes malsains tournant autour de la « personnalité autoritaire », que de complots légèrement grotesques ourdis par une obscure secte para-maçonnique raciste, que de financements occultes ? Bien sûr, la face d'ombre du national-socialisme exista. Il y avait une profonde crise identitaire dans l'Allemagne des années 1920, il y eut une société Thulé, il y eut des subventions accordées par tel ou tel groupe capitaliste pour des raisons inavouables - tout cela exista. Mais il n'y eut pas *que* cela. Cela, seul, ne peut expliquer l'éblouissement incroyable qui frappa, après la Première Guerre mondiale, des millions d'hommes, éperdus comme Brasillach devant l'aube d'une espérance nouvelle.

Ou, pour le dire autrement : en admettant que le contenu du national-socialisme ait été fort différent de son contenant, pourquoi, cela dit, ceux qui voulaient faire accepter le contenu ont-ils choisi ce contenant-là ? Quelle était donc cette espérance nouvelle, qui pouvait soulever des millions d'hommes, et qui n'était pas le communisme ? En quoi consistait-elle ?

C'est ici que la lecture de Gottfried Feder est instructive.

Il n'appartient pas à un préfacier de résumer l'ouvrage qu'il introduit, encore moins d'imposer un angle particulier. Mais sans doute peut-on suggérer au lecteur une manière de lire le texte qu'on lui propose.

Quand on lit le *Manifeste pour briser les chaînes de l'usure,* il faut toujours garder en mémoire le passage de *Mein Kampf* où Hitler parle de Feder :

> « Quelque approfondie qu'ait été jusque-là mon attention sur le problème économique, elle s'était plus ou moins maintenue dans les limites de l'examen des questions sociales. Plus tard seulement, mon horizon s'élargit en raison de mon étude de la politique allemande à l'égard de ses alliés. Elle était en très grande partie le résultat d'une fausse appréciation de la vie économique et du manque de clarté dans la conception des principes de l'alimentation du peuple allemand dans l'avenir. Toutes ces idées

reposaient dans l'idée que, dans tous les cas, le capital était uniquement le produit du travail et, par conséquent, était, comme ce dernier, modifiable par les facteurs susceptibles de favoriser ou d'entraver l'activité humaine. Donc l'importance nationale du capital résultait de ce que ce dernier dépendait de la grandeur, de la liberté et de la puissance de l'État, c'est-à-dire de la nation ; et cela si exclusivement que cette dépendance devait uniquement conduire le capital à favoriser l'État et la nation par simple instinct de conservation ou par désir de se développer. Cette orientation favorable du capital à l'égard de la liberté et de l'indépendance de l'État devait le conduire à intervenir de son côté en faveur de la liberté, de la puissance et de la force, etc., de la nation.

Dans ces conditions, le devoir de l'État à l'égard du capital devait être relativement simple et clair : il devait simplement veiller à ce que ce dernier restât au service de l'État et ne se figurât point être le maître de la nation. Cette position pouvait donc se maintenir entre les deux limites suivantes : d'une part, soutenir une économie nationale viable et indépendante ; d'autre part, assurer les droits sociaux du travailleur.

Précédemment, je n'étais pas à même de reconnaître, avec la clarté désirable, la distinction entre ce capital proprement dit, dernier aboutissement du travail producteur, et le capital dont l'existence et la nature reposent uniquement sur la spéculation.

J'en étais capable dorénavant grâce à un des professeurs du cours dont j'ai parlé, Gottfried Feder.

Pour la première fois de ma vie, je conçus la distinction fondamentale entre le capital international de bourse et celui de prêt.

Après avoir écouté le premier cours de Feder, l'idée me vint aussitôt que j'avais trouvé le chemin d'une condition essentielle pour la fondation d'un nouveau parti.

À mes yeux, le mérite de Feder consistait en ceci, qu'avec une tranchante brutalité il précisait le double caractère du capital : spéculatif, et lié à l'économie populaire ; et qu'il mettait à nu sa condition éternelle : l'intérêt. Ses déductions, dans toutes les questions fondamentales, étaient tellement justes que ceux qui, a priori, voulaient le critiquer, en contestaient moins l'exactitude théorique qu'ils ne mettaient en doute la possibilité pratique de leur mise à exécution. Ainsi, ce qui, aux yeux des autres, était un point faible dans l'enseignement de Feder, représentait à mes yeux sa force. »[4]

---

[4] Adolf Hitler, *Mein Kampf*, chapitre 8, « Le commencement de mon activité politique »

Ce que Hitler dit dans ce passage de *Mein Kampf*, c'est tout simplement que l'essence de l'économie politique du national-socialisme en tant que projet réside dans la théorie de Gottfried Feder. Plus loin, il écrit :

> « À cette catégorie [des grands hommes] appartiennent non seulement les hommes d'État réellement grands, mais aussi tous les grands réformateurs. À côté de Frédéric le Grand, se trouvent ici Martin Luther ainsi que Richard Wagner.
>
> Lorsque j'entendis le premier cours de Gottfried Feder sur « la répudiation de la servitude de l'intérêt du capital »[5], je compris immédiatement qu'il devait s'agir ici d'une vérité théorique d'une importance immense pour l'avenir du peuple allemand. La séparation tranchée du capital boursier d'avec l'économie nationale présentait la possibilité d'entrer en lutte contre l'internationalisation de l'économie allemande, sans toutefois menacer en même temps par le combat contre le capital les fondements d'une économie nationale indépendante. Je voyais beaucoup trop clairement

---

[5] C'est une possible traduction littérale de la formule de Feder, « die Brechung der Zinsknechtschaft », que nous avons rendue dans le présent ouvrage par l'expression, plus agréable à une oreille française, de « briser les chaînes de l'usure ».

dans le développement de l'Allemagne pour ne point savoir que la lutte la plus difficile devrait être menée non contre les peuples ennemis, mais contre le capital international. Dans le cours de Feder, je pressentais un puissant mot d'ordre pour cette lutte à venir. »

Quoi qu'on ait pu dire par la suite sur l'inexistence d'une économie politique national-socialiste, l'exposé de Hitler est en tout cas très clair : il s'agit de dompter le Capital, de l'obliger à servir les intérêts supérieurs de la Nation, en le soumettant à l'État. Et la clef de cette entreprise, c'est la cassure établie entre le capital spéculatif, appuyé sur la perception de l'intérêt, et le capital industriel productif, qui ne capte de la plus-value qu'un surplus destiné à l'investissement. Fondamentalement, il s'agit d'un projet de libération des forces productives dans le cadre de la propriété privée des moyens de production - mais une propriété encadrée, soumise à l'obligation de l'investissement productif, et détachée, donc, de l'obligation rivale que constitue la rémunération du capital.

Le paragraphe qui précède l'exposé sommaire mais efficace de cette économie politique national-socialiste est peut-être révélateur de ses prédicats inconscients. Pourquoi Hitler éprouve-t-il le besoin de nous parler de Frédéric II, de Luther et de Wagner, avant d'évoquer l'économie politique ? Où est le rapport ?

Et s'il s'agissait de nous faire comprendre que derrière la défense de l'Allemagne (Frédéric II), un combat plus important se profile : un combat qui associe Luther, c'est-à-dire l'espérance chrétienne telle que les Allemands majoritairement la comprenne,[6] et Wagner,[7] c'est-

---

[6] Rappelons que dans le monde protestant européen, et particulièrement en Allemagne, la liberté n'est historiquement pas comprise comme elle l'est dans une grande partie du monde catholique (une alternative dialectique à l'autorité) ou dans le monde protestant anglo-saxon (un droit bordé par des droits réciproques). Fondamentalement, pour un protestant allemand, la liberté est la dictature de la conscience, qui amène l'individu à oblitérer ses propres *intérêts* devant la totalité, dont le groupe réuni par l'autorité est la manifestation. Une des traductions économiques de cet état d'esprit général se trouve dans l'idée que le travail constitue une forme de prière (cf. Luther : « Dein Ruf ist dein Beruf » : ta vocation, c'est ton métier), les œuvres temporelles accomplies en vue de la prospérité commune étant spirituellement justifiées.

On trouvera fréquemment, chez Feder, un écho de cette vision religieuse de l'économie, même si son Land d'origine, la Bavière, est catholique. Dans une certaine mesure, les catholiques allemands partagent en effet ces conceptions protestantes, dont les racines plongent dans un héritage culturel et anthropologique depuis longtemps au moins aussi structurant que la religion proprement dite.

La forme même du texte de Feder, énumérative, fait d'ailleurs curieusement écho à celle privilégiée par Luther pour ses textes les plus importants. Et cela, même si, quant à la position de Feder à l'égard du christianisme en général, et du catholicisme en particulier, il semble évident qu'il ne s'inscrit plus dans la religion chrétienne lorsqu'il parle de la « théologie vermoulue de la Grâce de Dieu ». Nous avons sans doute là une manifestation d'un phénomène fréquent dans la droite allemande : via l'idéalisme

à-dire une mystique dégagée de ses origines juives, modernisée et d'une certaine manière construite en opposition, mais aussi en référence au matérialisme contemporain ? Et si, en réalité, ce que Hitler nous dit ici, c'est qu'à travers la théorie de Gottfried Feder, il avait perçu l'embryon d'une espérance nouvelle, d'une renaissance de l'espérance chrétienne, ou disons idéaliste,[8] à travers l'économie, dans le siècle de

---

philosophique sur le plan intellectuel, via l'anthropologie culturelle générale liée à la germanité, l'héritage de la Réforme s'est maintenu, dans un cadre par ailleurs émancipé du christianisme.

On relèvera à ce propos, concernant Feder et ses relations avec le catholicisme, ce passage de son ouvrage « Le programme du NSDAP et ses fondements idéologiques » : « Les gens, même s'ils sont nés en Allemagne, qui se font délibérément destructeurs du peuple allemand et de l'État allemand, les gens qui reçoivent des instructions politiques de l'étranger, n'appartiennent pas à la communauté allemande de destin, et ne peuvent donc pas jouir de leurs droits civiques, pas davantage qu'un juif. » En 1930, cette phrase de Feder fut citée par l'ordinariat épiscopal de Mayence pour justifier ses positions antinazies : en substance, la hiérarchie catholique considérait que Gottfried Feder réactivait les logiques du « Kulturkampf », la tentative bismarckienne de réduire drastiquement l'influence catholique en Allemagne.

[7] Rappelons que chez Wagner, la nature est profanée par le mal, dont la racine se trouve dans la *convoitise* humaine, incarnée dans la confiscation de l'or du Rhin par le nain Alberich, confiscation rendue possible par son renoncement à l'amour (« Das Rheingold », opéra et poème de Richard Wagner).

[8] C'est-à-dire le Salut, la rédemption de l'Homme, la rémission du Péché originel.

l'économie ? C'est peut-être pourquoi, comme il l'avoue précédemment, la question de la faisabilité ne lui paraît pas centrale. Il s'agit, avant tout, de trouver un « mot d'ordre », une perspective fédératrice.

Et si nous tenions là l'explication du pouvoir d'attraction extraordinaire qu'eut l'idéologie national-socialiste sur des millions d'Allemands ? Et si c'était cela, le « fascisme immense et rouge » : le renouvellement de l'espérance idéaliste, après la mort du christianisme, dans un monde entièrement matérialiste ?

Aussi le préfacier de cet ouvrage suggère-t-il humblement une *manière* de lire Gottfried Feder. Avec le *Manifeste pour briser les chaînes de l'usure*, nous n'avons pas affaire à un texte d'économie politique « normal », tel que les écoles marxistes et libérales comprennent le genre. Fondamentalement, et bien que l'auteur lui-même n'en ait peut-être pas été conscient, nous sommes devant un discours *religieux*.

Le caractère religieux transparaît d'ailleurs d'emblée dans le texte de Feder. Sachant parfaitement qu'il écrit un pamphlet plus qu'un manuel d'économie politique, il commence par désigner son ennemi : la « religion du veau d'or ».[9] Puis il énonce son projet : « guérir l'humanité souffrante ».

Il transparaît encore dans l'exposé technique des modalités pratiques de l'abolition des « chaînes de l'usure », où Gottfried Feder réinvente en substance les règles jadis religieuses fondées sur la notion de juste rémunération du travail, de l'investissement productif, de risque réel supporté par l'investisseur - au point que certains aspects de sa législation évoqueront irrésistiblement à un contemporain les normes que devrait suivre la prétendue « finance islamique », si toutefois elle obéissait effectivement à ses propres règles.

Chez Feder, nous n'avons pas tout à fait la législation catholique médiévale, qui resta longtemps si restrictive qu'elle interdisait en pratique toute forme d'intérêt – il l'évoque dans son bref rappel historique, mais n'envisage pas d'y revenir concrètement. Il se situe à peu près à mi-chemin de la position catholique médiévale et des recommandations de Calvin,[10] peut-être un

---

[9] Nous avons traduit ainsi le terme « Mamonismus », littéralement « mamonisme », dont l'usage est peu fréquent en français.

[10] Rappelons que, contrairement à une opinion répandue, la pratique de l'intérêt dans une pure perspective de profit ne figure

peu plus près de Calvin que de la législation médiévale : « il faut juger des usures non point selon quelque certaine et particulière sentence de Dieu mais seulement selon la règle d'équité »,[11] l'intérêt est interdit lorsqu'il est contraire à l'équité (sur-rémunération du capital par rapport au risque supporté, somme des intérêts disproportionnée par rapport au montant prêté) ou à la charité (perception de l'intérêt sur un débiteur appauvri), et acceptable surtout si le prêt sert à accroître la prospérité de la communauté en favorisant l'investissement productif.[12]

Un mi-chemin entre la prohibition pure et simple et la tolérance encadrée est à peu près la seule position à la fois économiquement réaliste, parce qu'elle préserve la possibilité d'une mobilisation du capital en vue de l'investissement productif, et moralement défendable, parce

---

absolument pas parmi les recommandations de Calvin (lire à ce propos *De usuris*, lettre de Jean Calvin à un de ses amis).
Bien évidemment, les préconisations de Calvin n'ont historiquement guère modéré le comportement pratique de la finance protestante. En ce sens, on peut lire Feder comme un retour aux sources des conceptions économiques issues de la Réforme, qui ont considérablement influencé la perception allemande de la question.

[11] *De usuris*, Jean Calvin.

[12] Voir les « explications particulières à notre projet de loi dans le Manifeste »

qu'elle évite l'emballement incontrôlable du système : voilà en substance ce que dit Feder, lorsqu'il propose de faire fixer par l'État le taux d'intérêt admissible pour les créances commerciales, et de restreindre pour le reste la rémunération du capital à l'intéressement du capitaliste aux bénéfices d'une entreprise dont il a effectivement partagé les risques.

Fondamentalement, Gottfried Feder jette ainsi, avec son manifeste, à travers la question monétaire, les bases d'une nouvelle religion, renouvellement post-chrétien du christianisme tel qu'il est compris en Allemagne. Une religion qui, au Salut par l'argent, oppose le Salut par une nouvelle Foi : la foi en l'État allemand, nouvelle Église d'un peuple réconcilié avec lui-même.

Le fascisme « immense et rouge », en profondeur, c'était cela.

Une manière de lire Feder ? Essayer de comprendre cette dimension religieuse. En prendre l'exacte mesure. En étudier la généalogie implicite. Il ne faut pas s'arrêter aux imprécisions de Feder. Sur plusieurs questions, en particulier le traitement des créanciers étrangers, il fluctue. Mais les aspects techniques sont ici secondaires ; nous lisons un recueil de textes écrits dans l'urgence, alors que l'Allemagne oscille entre la révolution et l'anomie, dans une situation tragique. Le manifeste de Feder n'est pas l'œuvre d'un penseur assis au calme, loin des passions du monde. C'est l'expression explosive d'une soif d'espérance religieuse.

*

Que devint l'ingénieur Gottfried Feder, sous le régime nazi ?

Après l'émergence de Hitler, il reste une des personnalités centrales du NSDAP. En 1923, il prend part au « putsch de la brasserie », mais échappe à l'arrestation. Entre temps, l'hyper-inflation lui a d'une certaine manière donné raison a posteriori : tout le monde peut se rendre compte, après la catastrophe monétaire, que sa proposition de 1919, monétiser les titres de la dette de guerre directement, aurait débouché sur une résorption du déficit abyssal creusé par les intérêts de la dette publique, et cela au prix d'une inflation bien moindre que celle observée historiquement.

Il est élu au Reichstag en 1924 sous les couleurs hitlériennes, en tant que membre du « Parti national-socialiste de la liberté », un avatar du NSDAP qui exista temporairement, alors que le parti nazi était officiellement interdit. Au Reichstag, il se fait remarquer par ses prises de position en faveur de l'expropriation des juifs et pour le gel des taux d'intérêt - deux questions qui, dans son esprit, sont étroitement liées.

Feder était en effet violemment antisémite. Il s'en est longuement expliqué dans un ouvrage paru en 1933, *Les juifs*. Il y affirme en substance que le peuple juif constitue un corps étranger dont les fondements éthiques sont radicalement incompatibles avec la germanité. Compte tenu de ce que nous avons vu précédemment sur la dimension religieuse de l'œuvre de Feder, sur l'opposition qu'il établissait entre la fausse salvation apportée par l'argent et le Salut véritable apporté par la communauté nationale, on ne s'en étonnera pas. Sous cet angle, l'antisémitisme de Feder nous apparaît comme un lointain sous-produit de l'enfermement des juifs dans les métiers d'argent, au Moyen Age - au reste, une lecture attentive de ses écrits prouve qu'il en était lui-même conscient.

Il est à noter cependant que le pamphlet antisémite de Feder s'achève sur un appel explicite à empêcher toute forme de pogrom dirigé contre la population juive en Allemagne[13] : bien qu'antisémite, l'auteur du *Manifeste pour*

---

[13] Pour comprendre cette prise de position de Feder, il faut se souvenir du contexte : les SA, dressés à la violence politique la plus extrême, multipliaient en 1933 les exactions, entre autres contre les juifs. Il est probable que Feder, en rédigeant *Les juifs*, cherchait entre autres choses à se désolidariser publiquement de ces excès, contre-productifs à tous points de vue.

briser les chaînes de l'usure souhaitait en effet qu'on accordât aux juifs un statut comparable à celui des étrangers autorisés à vivre sur le territoire du Reich. En ce sens, il serait sans doute injuste de lui imputer une responsabilité directe dans la forme que prit ultérieurement l'antisémitisme d'État du IIIème Reich.

Faut-il admettre, cependant, une responsabilité indirecte ? Sans doute. L'antisémitisme de Feder était en effet ambigu. Pour autant qu'on le sache, il n'a jamais désapprouvé les lois de Nuremberg, et certains passages de *Les juifs* s'apparentent à une lecture purement racialiste de la question juive. Mais la tonalité générale laisse malgré tout penser à un antisémitisme plus culturel que racial - un anti-judaïsme, au fond, dont la dimension raciale est réelle,[14] mais secondaire. Si Gottfried Feder porte une responsabilité dans les atrocités antisémites nazies, celle-ci réside avant tout dans l'imprécision de sa pensée, et l'incapacité qui fut la sienne d'anticiper les conséquences de sa prédication.

––––––––––––––––––––––––––

[14] Feder était, au regard de nos normes contemporaines, un raciste forcené. Il n'est pas inutile ici de rappeler qu'à l'époque, son point de vue sur la question raciale était probablement partagé par la majorité de ses compatriotes.

Jusqu'au début des années 30, l'influence de Feder reste grande à l'intérieur du NSDAP. En 1927, il publie *Le programme du NSDAP et ses fondements idéologiques*. En 1931 encore, il fonde la ligue des architectes et ingénieurs allemands, pseudopode du parti nazi.

C'est après la prise du pouvoir par les nazis, en janvier 1933, que la carrière de Gottfried Feder plafonne, puis implose.

Nommé secrétaire d'État au ministère de l'économie, il ne peut y faire prévaloir sa ligne franchement anticapitaliste.

C'est en effet l'époque où la SA, mouvement de rue violent et populiste, s'oppose de plus en plus frontalement à l'aile droitière et conservatrice du NSDAP, exigeant en substance que la révolution nationale se double d'une authentique révolution sociale. Il s'agit d'un conflit ouvert, où les brutes de la SA, formées au combat de rue par dix ans de guerre civile larvée contre des milices communistes adeptes des méthodes staliniennes, affrontent avec la dernière violence d'autres brutes, formées dans le même combat, mais dont les allégeances divergent. Dans un tel contexte, l'ingénieur Feder, l'intellectuel Feder, ne peut qu'assister à la lutte, sans y prendre part directement - désormais, le mot n'est rien, la matraque est tout. Il est probable que l'auteur du *Manifeste pour briser les chaînes de l'usure* approuvait largement les revendications des SA. Il est également hors de doute qu'il désapprouvait leurs méthodes.

Hitler, bien que ses amitiés personnelles l'orientent plutôt vers les SA, choisit finalement de se rallier aux conservateurs, pour s'assurer l'appui de l'armée et des milieux d'affaires - une position pragmatique, dictée par une correcte appréciation des rapports de force et la crainte compréhensible d'être débordé par sa gauche, où il ne compte pas que des amis. L'affaire est réglée dans le sang, entre le 29 juin et le 2 juillet 1934, quand les SS, financés et armés par les milieux conservateurs et l'armée, assassinent des centaines de nazis « de gauche », principalement des membres de la SA.

Ce qui se joue pendant cette « nuit des longs couteaux », c'est la question de savoir si la révolution national-socialiste doit déboucher sur un socialisme national ou sur un État totalitaire préservant les structures du capitalisme. Dès lors que la deuxième option l'emporte, Gottfried Feder est hors-jeu au sein du pouvoir nazi. Pendant la purge, environ 200 personnes avaient été assassinées.[15] Mais la véritable victime fut

---

[15] Le chiffre est très incertain. Les estimations oscillent entre 77 et plus d'un millier de victimes.

l'espérance qu'un homme comme Feder avait voulu rendre possible. À partir de 1934, on peut considérer que la politique économique du nazisme-État, tel qu'elle se déploya, n'était plus l'économie politique imaginée par Feder - même si elle continuait extérieurement à s'en réclamer, et conserva en profondeur ses aspects compatibles avec les intérêts du grand patronat.

Mis à la retraite de ses fonctions officielles en décembre 1934, il se voit offrir une position honoraire, une position qui sied à un « vieux combattant » méritant, mais débordé par le mouvement historique : professeur agrégé à la faculté d'architecture de Berlin. Son combat politique se limitera désormais à défendre ses vues sur l'urbanisme, vues d'ailleurs novatrices et intéressantes.

En 1939, il publie *La nouvelle ville*. Il y propose une troisième voie refusant à la fois le plan en damier des villes américaines, qu'il juge déshumanisant, et l'absence de planification propre à l'urbanisme européen de l'ère « libérale». Il s'agit pour lui de constituer des villes-îlots, relativement autosuffisantes, d'environ 20 000 habitants, constituant des communautés organiques vivantes insérées dans un schéma général planifié à l'échelle supérieure.

Ainsi finit l'ingénieur allemand qui voulait construire une alliance structurelle entre le capital industriel et les classes laborieuses : dans la peau d'un utopiste, constructeur de cités idéales insérées dans un schéma global fondamentalement concentrationnaire.

Il n'est pas tout à fait absurde d'y voir un symbole. Et à l'heure où une crise financière d'une ampleur inédite secoue le capitalisme globalisé, alors que le socialisme national redevient une véritable question politique, alors que la question de la dette est plus que jamais au cœur du débat économique, il faut sans doute s'en souvenir.

Gottfried Feder meurt en Bavière, dans le très joli pays de Murnau, le 24 septembre 1941.

Ce jour-là commençait le grand incendie de Kiev, qui devait durer des semaines.

1.

Le manifeste pour briser les chaînes de l'usure

La religion du veau d'or est la maladie grave qui embrasse tout et prospère en toutes choses, religion dont souffrent notre monde civilisé actuel et même l'humanité tout entière. Elle est semblable à une épidémie dévastatrice, un poison dévorant qui afflige tous les peuples de la terre.

Par religion du veau d'or, il faut entendre :

D'une part, les puissances d'argent internationales toutes-puissantes, le pouvoir financier supranational trônant au-dessus de tout droit des peuples à disposer d'eux-mêmes, le grand capital international, la seule internationale de l'or ; d'autre part un état d'esprit qui s'est emparé des civilisations les plus lointaines ; la cupidité inextinguible ; la conception purement terrestre et matérialiste de la vie qui a déjà conduit, et cela doit continuer, au déclin effrayant de toute idée morale.

C'est dans la ploutocratie internationale que cet état d'esprit est incarné et cultivé hardiment.

Le foyer principal d'énergie du veau d'or est l'afflux infini et sans efforts de produits créés par l'intérêt. C'est de l'idée immorale du taux d'intérêt qu'est née l'internationale de l'or.

L'état spirituel et moral enfanté par la soif d'intérêt et d'usure de toute sorte a eu pour conséquence l'avilissement effroyable d'une partie de la bourgeoisie.

L'idée du prêt à intérêt est l'invention diabolique du grand capital financier, elle rend à elle seule possible la vie parasitique et nonchalante d'une minorité de ploutocrates sur le dos des peuples créateurs et de leur force de travail, elle a conduit à des antagonismes profonds et irréductibles, à la haine de classe d'où est née la guerre civile et fratricide.

Le seul remède, le seul moyen radical pour guérir l'humanité, c'est de briser les chaînes de l'usure.

Briser les chaînes de l'usure signifie la seule libération possible et définitive du travail créateur des rets des ploutocrates secrets et tout-puissants.

Briser les chaînes de l'usure signifie le recouvrement de la libre personnalité, la délivrance de l'homme de l'asservissement et de la fascination sacrilège dans lesquels son âme a été entravée par Mammon.

Celui qui veut combattre le capitalisme doit briser les chaînes de l'usure.

Où doit commencer la rupture des chaînes de l'usure ? Avec le capital financier ! Pourquoi ?

C'est parce que le capital financier est si puissant et disproportionné par rapport au grand capital industriel que l'on ne peut combattre efficacement les grandes puissances d'argent qu'en secouant le joug de l'usure. 20/1 est le rapport du capital financier au grand capital industriel. C'est une somme supérieure à 12 milliards d'intérêt pour le capital financier que le peuple allemand doit réunir tous les ans sous la forme d'impôts directs et indirects, de loyers, de hausse du coût de la vie, alors que dans les périodes les plus prospères de la guerre, la somme totale de tous les dividendes distribués par les sociétés par action se montait à un milliard.

L'effet boule de neige de la croissance du capital financier qui procède des intérêts et des intérêts d'intérêts par l'afflux éternel, infini et sans difficultés de produits a surpassé toute possibilité humaine d'entendement.

Quelle bénédiction nous apporte maintenant la rupture des chaînes de l'usure pour le peuple allemand laborieux, pour les prolétaires de tous les pays !

La fin de cet asservissement nous donne la possibilité de supprimer tous les impôts directs et indirects. Écoutez cela, vous les hommes créateurs de valeur de tous les pays, de tous les États et continents, toutes les recettes courantes de l'État issues des impôts directs et indirects s'échouent complètement dans les poches du grand capital financier.

Les revenus des entreprises publiques comme la poste et le télégraphe, le téléphone, les chemins de fer, l'industrie minière, les Eaux et Forêts, etc., suffisent parfaitement à pouvoir couvrir toutes les dépenses publiques relatives à l'éducation, la formation, la justice, l'administration et l'aide sociale.

Ainsi tout vrai socialisme n'apportera aucun bienfait à l'humanité tant que les revenus des entreprises, nécessaires au bien-être général, resteront tributaires du grand capital financier.

Alors nous exigeons au premier chef comme loi fondamentale pour les peuples ethno-culturellement allemands,[16] ensuite comme

---

[16] L'expression de Feder est ici *deutschen Völker* qu'il faut rendre par « ethno-culturellement allemand », l'Allemagne après son unification en 1871 était loin de rassembler en son sein tous les peuples d'origine allemande, les Autrichiens, les Sudètes, les

constitution pour tous ces peuples frères qui veulent constituer avec nous une communauté culturelle en une fédération de peuples, ce qui suit :

§1. Les émissions d'emprunts de guerre, ainsi que les autres titres de dette de l'État fédéral, ainsi que ceux des États fédérés,[17] au premier chef les emprunts ferroviaires et aussi les obligations des collectivités territoriales autonomes, seront déclarés à leur montant nominal comme monnaie légale, en abrogeant l'obligation d'intérêts.

§2. Pour toutes les autres valeurs à intérêt fixe, les titres hypothécaires, obligations industrielles, hypothèques, etc., l'obligation de remboursement

---

Souabes du Danube en Hongrie et en Roumanie, les Saxons de Roumanie, les Souabes du Banat vivaient dans l'empire austro-hongrois. Quant aux Allemands de la Volga, ils vivaient dans l'empire russe, avant d'être déporté dans les républiques d'Asie centrale et en Sibérie sous Staline pendant la période soviétique.

[17] Constitutionnellement, le Reich allemand de 1871 est un État fédéral unissant divers royaumes, duchés, comtés et États historiques. Comme tout État fédéral, l'Empire allemand de 1871 avait donc plusieurs niveaux et ces niveaux ou entités connaissaient des compétences différentes. Par *deutsches Reich*, il faut donc entendre juridiquement et constitutionnellement l'État fédéral et par *Bundesstaat*, l'État fédéré (royaume de Bavière, de Prusse, de Württemberg duché de Bade, etc.) qui correspond aux Länder actuels de la Loi fondamentale de 1949.

vient remplacer l'obligation d'intérêt ; ainsi après 20 ou 25 années, selon le montant des intérêts, le capital prêté est remboursé et la dette éteinte.

§3. Toutes les dettes immobilières, hypothèques etc., seront remboursées, comme cela s'est fait jusqu'à maintenant, à tempérament selon les charges inscrites au registre des hypothèques. Les fortunes immobilières (maison et propriété foncière) dégrevées de cette manière deviendront en partie propriété de l'État ou des collectivités territoriales. De cette manière, l'État se met en mesure de fixer les prix des loyers et de les baisser.

§4. Le système financier général dépendra du Trésor public de l'État fédéral, les banques privées également, les banques postales, les caisses d'épargne et les sociétés de crédit y seront rattachées comme succursales.

§5. Tout crédit réel ne sera attribué que par la banque d'État. Le crédit personnel et le crédit commercial seront confiés aux banquiers privés contre une concession publique. Cette dernière sera accordée en considérant la demande de crédit et en interdisant l'érection de filiales dans certains domaines. Le tarif sera fixé par l'État.

§6. Les valeurs des dividendes seront purgées de la même manière que les valeurs à intérêt fixe, avec un taux annuel de 5%. Les gains des bénéfices excédentaires seront en partie reversés au titulaire d'action comme dédommagement pour « capital-risque » (au contraire des valeurs à intérêt fixe et de celles à placement sûr), alors que l'excédent restant sera, en se référant au droit souverain de la classe ouvrière, soit redistribué socialement, soit utilisé pour la baisse des prix des produits de consommation.

§7. Pour toutes les personnes, qui pour des raisons physiques (âge avancé, maladie, incapacité physique ou intellectuelle de travailler, âge trop jeune) ne sont pas en mesure de gagner leur vie, les gains sur les intérêts éventuellement réalisés jusqu'à maintenant, même augmentés et qui proviennent de leur fortune en capital, leur seront versés comme une rente viagère contre remise des titres de dettes.

§8. Dans l'intérêt d'une diminution de l'inflation existante des moyens de paiement, nous procéderont à une confiscation générale, échelonnée rigoureusement, des fortunes qui sont engendrées par les emprunts de guerre, les autres titres de dette de l'État fédéral ou des états fédérés. Ces valeurs seront détruites.

§9. Par une pédagogie populaire très intense, il va falloir professer que l'argent n'est rien d'autre et n'a pas le droit d'être autre chose qu'une indication du travail qui a été accompli et fourni[18] ; puisque chaque économie hautement développée a certes besoin d'argent comme moyen d'échange, mais que par ce moyen aussi, la fonction de l'argent est remplie et qu'une puissance surnaturelle ne peut en aucun cas être prêtée à l'argent par l'intérêt, argent qui croît de lui-même à la charge du travail productif et créateur.

Pourquoi n'avons-nous pas encore atteint à tout cela, qui est si évident et que l'on pourrait désigner comme l'œuf de Colomb pour la question sociale ?

Parce que dans notre aveuglement devant le veau d'or, nous avons désappris de voir clair,

---

[18] « Anweisung auf geleistet Arbeit » (indication du travail qui a été accompli et fourni), une des conceptions fondatrices de Feder, avec la conversion des dettes en monnaie légale et la distinction capital industriel/capital financier ou capital spéculatif, voleur/capital industriel, créateur, distinction appelée à la plus grande des postérités. Feder considère que l'argent ne doit être qu'une « indication du travail qui a été accompli et fourni ». Comme les notions d'aspect ont disparu dans toutes les langues modernes sauf en anglais avec le *présent perfect* et dans les langues slaves, nous insistons sur la valeur perfective de nos deux participes passés, « qui a été accompli et fourni » correspondrait au parfait du grec ancien, c'est le travail qui est dans l'état achevé, accompli. Georges Cazalot, qui a traduit le manifeste à partir d'une traduction espagnole, traduit cette expression par « bon pour le travail effectué », ce qui est aussi une bonne traduction.

parce que la théorie de la sainteté de l'intérêt est une monstrueuse imposture faite à soi-même, parce que l'Évangile de l'intérêt, comme unique voie possible vers le Salut, a colonisé toutes nos pensées et les a enfermées dans les rets dorés de la ploutocratie internationale. Parce que nous avons oublié, et parce qu'à dessein, les puissances financières toutes-puissantes nous maintiennent dans l'ignorance, afin que, exception faite d'un petit nombre de ploutocrates, l'intérêt prétendument si beau et si apprécié des gens ignorants soit filialement couvert par nos impôts.

Toute notre législation fiscale est et restera, tant que nous ne nous serons pas libérés de la servitude de l'usure, un tribut payé au grand capital et à lui seul, et non, comme nous nous l'imaginons parfois, un sacrifice volontairement consenti pour concrétiser une communauté de travail.

C'est pourquoi la libération des chaînes de l'usure est la voie évidente de la révolution mondiale, afin d'émanciper le travail productif et créateur des fers des puissances financières supranationales.

2.

Développement et justification

Les conquêtes de la révolution se font attendre

Nous nous trouvons au milieu de l'une des crises les plus graves que notre pauvre peuple dans sa belle histoire tragique ait eu à surmonter. Notre peuple est gravement malade, le monde entier est gravement malade. Les peuples bégayent désemparés, une nostalgie ardente, un cri rédempteur se meut à travers la pénombre des masses. Avec des rires et des danses, avec le cinéma et les défilés, notre peuple, hébété, tente de se dissimuler son destin misérable. Dissimulation de ses espoirs déçus, dissimulation de sa profonde douleur intérieure, à cause de l'effroyable mécompte relatif à ce que l'on voudrait tant désigner comme « les conquêtes de la révolution ». Comme on se représentait autrement tout cela, quand toutes les belles promesses avaient une toute autre teneur ; tout semblait fait d'or rutilant, alors qu'on espérait rafler la mise dans l'obscurité de notre déroute militaire, mais à présent que l'aube morne éclaire la scène, ce ne sont que des morceaux de bois pourris. Nous sommes maintenant là, désemparés, à cause de ces morceaux de bois pourris qui brillaient si bien dans la nuit, nous avons abdiqué tout ce qui nous était jusqu'ici cher et précieux, et nous avons bourré nos poches avec cette découverte lamentable. Il n'est pas étonnant que la colère du désespoir s'empare des plus pauvres parmi les pauvres, et qu'ils se déchaînent dans un courroux invraisemblable contre leurs propres frères, au point de chercher à tout détruire qui se trouve sur le chemin de leur délivrance. Cette situation ne peut que mener à la folie pure, quand l'absence de scrupules et la bêtise animent toujours plus le peuple, et où cela mène, nous le voyons dans la Russie bolchevique. La nationalisation, comme on appelle la socialisation en Russie, s'est révélée être un mécompte, proclame Lénine en toute sérénité. L'économie est détruite, le pouvoir d'achat inexistant, l'élite intellectuelle décimée, le travailleur sans pain. C'est la désespérance dans tout le peuple ; seule une terreur sanguinaire, s'appuyant sur les phalanges de mercenaires chinois et lettons, est à même de protéger les dictateurs rouges de la vengeance du peuple. Le cours des événements va également embrasser cette évolution chez nous si nous continuons à entretenir au gouvernement les spéculateurs internationaux, les fanatiques à œillères des partis, les représentants de la classe bourgeoise la plus vile et les membres d'une des races les plus intrinsèquement étrangères à l'essence même du peuple allemand. Qu'ils sont beaux, les mots que l'on nous a murmurés à l'oreille : paix de réconciliation, Société des Nations,[19] parlementarisme, souveraineté du peuple, démocratie, dictature du prolétariat, socialisme, anéantissement du capitalisme, émancipation du militarisme, et encore tous les mots d'ordre possibles. Un nouveau peuple libre devait surgir, qui devait disposer lui-même de son destin. Rien de tout cela n'est devenu vérité, ne pouvait devenir vérité, ne pourra jamais devenir vérité, si nous n'analysons pas avec la plus grande gravité toutes ces manifestations, tous ces poncifs, si nous ne vérifions pas scrupuleusement, comme un médecin avisé et obligeant les symptômes de la maladie et ne découvrons pas, avec le plus grand scrupule, l'état actuel du malade. Nous ne devons nous épargner aucune peine pour établir l'étiologie de la grave maladie à l'origine de cette crise.

La maladie de notre temps s'appelle le veau d'or.

---

[19] C'est l'ancêtre des Nations-Unies, cette assemblée siégeait à Genève mais elle n'eut jamais l'*auctoritas* nécessaire à son fonctionnement, le Sénat américain, travaillé par la doctrine Monroe, a toujours refusé de ratifier la participation des Etats-Unis d'Amérique à cette auguste compagnie.

Qu'est-ce que le veau d'or ?

Le veau d'or est une maladie économique et morale

Le veau d'or est l'empire macabre, invisible, mystérieux des grandes puissances financières. Mais le veau d'or est aussi un état d'esprit ; c'est l'adoration de ces puissances financières par tous ceux qui sont contaminés par le poison du veau d'or. C'est une hypertrophie démesurée de l'instinct humain d'appropriation, en lui-même sain. Le veau d'or est la cupidité muée en démence qui ne connaît pas de but plus noble que d'accumuler l'argent sur l'argent, laquelle cupidité cherche à asservir avec une brutalité sans précédent toutes les énergies du monde, et mène à l'esclavage économique et à l'exploitation des travailleurs de tous les peuples de la terre. Le veau d'or est l'état d'esprit qui a abouti à la décrépitude de toute valeur morale. Il faut considérer le veau d'or comme un phénomène mondial semblable à l'égoïsme brutal gisant dans l'homme. Le veau d'or est l'esprit de la rapacité, de l'instinct de domination sans limite, la disposition uniquement appliquée à la rapine, au vol de tous les biens et trésors de ce monde ; c'est au fond la religion d'un type anthropologique qui ne professe que des idées matérialistes et terrestres. Mais le veau d'or est le contraire du socialisme. Socialisme, appréhendé comme l'idée morale la plus haute, comme idée de l'homme qui n'est pas seul au monde pour lui-même, comme idée que chaque homme a des devoirs à l'endroit de sa communauté et de l'humanité tout entière, et qu'il n'est pas seulement responsable du bien-être immédiat de sa famille, des membres de sa parentèle, du bien-être de son peuple, mais aussi qu'il a des responsabilités morales dont il ne peut se départir pour l'avenir de ses enfants, de son peuple.

Plus concrètement, nous devons considérer le veau d'or comme le jeu global conscient des grands capitalistes avides de pouvoir, dans tous les pays. Il est d'ailleurs remarquable que le veau d'or apparaisse toujours masqué.

Les grands ploutocrates sont l'ultime force motrice cachée qui pousse l'impérialisme anglo-américain à la conquête du monde, il s'agit de cela, et de rien d'autre. Les grandes puissances financières ont bel et bien financé le meurtre collectif terrifiant de la Grande Guerre. Les grandes puissances d'argent ont néanmoins, comme propriétaires de tous les grands journaux, emprisonné le monde dans un tissu de mensonges. Elles ont exaspéré toutes les passions viles ; elles ont cultivé et fait grandir consciencieusement les courants existants ; elles ont, par une propagande adroite, exacerbé l'idée française de revanche pour la pousser à son paroxysme ; elles ont nourri soigneusement le panslavisme, les prétentions et les rêves grands serbes, et le besoin d'argent de ces États. Tout cela devait mettre le feu aux poudres et déclencher la conflagration mondiale que l'on sait. Chez nous, en Allemagne même, l'esprit du veau d'or, qui ne voulait connaître que de chiffres à l'export, de plus de richesses nationales, de croissance des chiffres d'affaire, de projets de grande banque, de financements internationaux, a conduit à une faillite de la morale publique, alors que nos cercles dirigeants se vautrent dans le matérialisme et le sybaritisme, nos formes de vie allemande[20] sont souillées, tous ces facteurs sont responsables de cet effondrement terrifiant.

Avec étonnement, nous devons nous demander d'où vient le veau d'or, d'où le grand capital international puise sa puissance irrésistible.

Nous ne pouvons négliger le fait que la coopération internationale des grandes puissances financières représente un nouveau phénomène. Nous n'avons ici aucun parallèle dans l'histoire. Les obligations internationales de nature financière étaient pratiquement inconnues. C'est

---

[20] Encore une expression idiomatique : « völkisches Leben », « la vie du peuple » littéralement, mais ce terme revêt une telle profondeur chez les nationalistes allemands et chez tous les Allemands cultivés d'avant 1945 (deutsches Bildungsbürgertum : la bourgeoisie allemande de culture) qu'il faut le traduire par « forme de vie allemande », cela pour mieux souligner à la fois l'universalité et la particularité de la vie matérielle et spirituelle du peuple allemand qui n'est semblable à aucun peuple.

seulement avec une économie mondiale en croissance, avec des relations internationales globales, que s'imposa l'idée de l'économie de prêt à intérêt et là, nous touchons la racine la plus profonde, ici nous parvenons au cœur de la source d'énergie, d'où l'internationale de l'or puise sa force irrésistible.

L'intérêt est la source d'énergie du grand capital

L'intérêt, c'est l'afflux infini et sans effort de produits procédant de la possession d'une fortune purement pécuniaire sans l'apport d'un travail quelconque, laissant ainsi croître les grandes puissances d'argent. L'intérêt est le principe diabolique qui a enfanté l'internationale de l'or. Le capital financier s'est fixé, telle une hydre aux nombreux bras, partout. Le grand capital a, comme des polypes, envahi et asphyxié tous les États, tous les peuples de la terre.

Obligations publiques, emprunts publics, emprunts de la compagnie des chemins de Fer, emprunts de guerre, hypothèques, obligations hypothécaires, en un mot les titres d'emprunt de toutes sortes ont envahi toute notre vie économique de telle manière que les nations du monde se débattent désormais, désemparées, dans leurs fers dorés. Par amour de ce principe, selon au fond une conception fallacieuse de l'État qui voudrait que toute sorte de possession eût droit à un revenu, nous nous sommes précipités dans la servitude de l'usure.

Pas une seule raison vérace, solide, éthique ne laisse suggérer qu'une fortune purement pécuniaire donne droit à un rendement permanent d'intérêt.

Le taux d'intérêt est immoral

Cette résistance viscérale contre l'intérêt et la rente de toutes sortes sans l'apport de travail créateur s'est répandue dans la vie spirituelle de tous les peuples et de tous les temps. Mais jamais cette résistance profondément intime contre le pouvoir de l'argent n'est devenue si consciente dans les peuples que dans notre époque contemporaine. Jamais le veau d'or ne s'est apprêté, dans une mesure qui étreint le monde entier, à devenir le souverain du monde. Il n'a encore jamais mis à son service, comme aujourd'hui, d'une manière si pateline et dissimulée et néanmoins brutalement insistante, l'abjection (l'aspiration à ce qui est vil en l'homme), l'appétit de pouvoir, la soif de vengeance, la cupidité, l'envie et le mensonge. La guerre mondiale est au plus profond d'elle une des plus grandes épreuves décisives dans l'histoire de l'humanité, c'est ici que le combat final va se consommer pour savoir qui fixera le destin de la planète, de la vision du monde[21] matérialiste et adoratrice du veau d'or ou de la vision du monde socialiste et aristocratique.

Le bolchevisme est un faux moyen pour lutter contre le veau d'or

Superficiellement, c'est d'abord et sans aucun doute la coalition anglo-américaine du veau d'or qui a vaincu. Le bolchevisme a surgi en réaction contre elle, et quand on veut entrevoir une grande idée dans le bolchevisme, c'est de la sorte indubitablement un point de vue diamétralement opposé à la vision du monde du veau d'or. Les méthodes que le bolchevisme cherche à utiliser pour cela sont par ailleurs des tentatives d'administrer des remèdes de cheval. Ces méthodes consistent à soigner un patient souffrant d'un poison interne en amputant à la scie la tête du patient, ses bras et ses jambes.

À cette fureur du bolchevisme, à cette subversion insensée, nous devons opposer une

---

[21] « Weltanschauung » dans le texte, encore un mot typiquement allemand, un idiotisme difficilement traduisible. La *Weltanschauung* que l'on traduit souvent par « vision du monde » est impersonnelle, ordonnée à des principes métaphysiques supérieurs et supérieure à toute incarnation.

nouvelle idée planificatrice qui, avec une force irénique, unifiera toutes les classes productives afin de conjurer le poison qui a rendu le monde malade.

Ce moyen, je l'ai identifié dans la rupture des chaînes de l'usure

Il y a trois facteurs qui font apparaître l'intérêt du capital financier comme la véritable cause de notre situation financière catastrophique.

Premièrement, la terrifiante disproportion du capital financier à revenu fixe, par conséquent du capital qui sans apport de travail créateur croît de lui-même et même continue à croître perpétuellement. Ce capital financier a atteint chez nous en Allemagne un tel niveau, qu'avec un chiffre de 250 milliards nous n'exagérons pas. À cette somme astronomique correspond seulement un total de 11,8 milliards pour le capital d'exploitation de notre industrie allemande tout entière. On peut rajouter les 3,5 milliards des 16 000 moyennes entreprises allemandes,[22] les S.A.R.L., de telle sorte que nous

---

[22] Feder emploie G.m.b.H. qui signifie « Gesellschaft mit beschränkter Haftung », pour les germanistes, cet acronyme que l'on emploie encore aujourd'hui, correspond exactement à notre S.A.R.L. : société à responsabilité limitée.

ne pouvons estimer approximativement le capital industriel qu'à 15 milliards au maximum. 20/1 est la première constatation fondamentale. Cette constatation signifie que les mesures visant à traiter les problèmes financiers de grande nature en ciblant le capital financier doivent se révéler 20 fois plus efficaces que des mesures qui ne concerneraient que le grand capital industriel.

Deuxièmement : le rendement des intérêts du susdit capital financier estimé à 250 milliards se monte, en gros et pour tout bien considéré, chaque année et *ad vitam aeternam,* à environ à 12,5 milliards. La somme totale de tous les dividendes versés dans l'année 1916 au titre de 1915 se monta à environ 1 milliard de marks. Dans les décennies précédentes, ce chiffre était en moyenne d'environ 600 millions, il devrait vraisemblablement avoir augmenté sensiblement dans les deux dernières années de guerre, mais accusera en revanche dans l'année en cours une chute d'autant plus considérable.

La rentabilité moyenne de toutes les sociétés allemandes par action était donc de 8,21% ; par conséquent, elle était supérieure seulement de 3,5% au produit moyen des valeurs d'emprunt à revenus fixes.

Donc, je le répète, le peuple allemand devra payer à l'avenir pour les divers intérêts perpétuels du capital financier 12,5 milliards, alors que le produit du capital industriel de l'année où la conjoncture économique était la plus favorable fut de 1 milliard, et dans les années de bonne conjoncture seulement de 0,6 milliard. Là encore, nous voyons le rapport des ordres de grandeur, de 12/1 jusqu'à 20/1.

Le troisième et le plus dangereux facteur à prendre en compte réside dans l'énorme accroissement, qui surpasse tout entendement, du capital financier par les intérêts d'intérêts. Qu'on me pardonne ici une petite digression, j'espère expliquer ce problème en recourant aux mathématiques mêmes. Tout d'abord quelques exemples.

La charmante histoire de l'invention du jeu d'échec est connue. Le riche roi indien Scherham accorda à l'inventeur du jeu, pour lui rendre grâce de l'invention de ce jeu royal, l'exaucement d'un vœu. Le vœu du sage était que le roi pût lui donner un grain de blé sur la première case du jeu d'échec, sur la deuxième, 2, sur la troisième 4 et ainsi de suite sur la case suivante en doublant le chiffre de la case précédente. Le roi sourit du vœu apparemment modeste du sage et donna ordre d'apporter un sac de blé pour attribuer à chaque case les grains de blé.

Il est de notoriété publique qu'exaucer ce vœu était inaccessible, même au plus riche des princes de la terre. Toutes les récoltes du monde dans un millénaire ne suffiraient pas pour remplir les 64 cases de l'échiquier.

Un autre exemple : certains vont se souvenir encore des supplices du calcul des intérêts composés pendant leur scolarité ; comment le pfennig s'accroît, la période pour l'intérêt composé de ce dernier commençant à la naissance du Christ, s'il double tous les 15 ans. En l'an 15 ap. J.-C., le pfennig est monté à 2 pfennigs, en l'an 30 ap. J.-C. à 4 pfennigs, en l'an 45 à 8, etc. Très peu se souviendront quelle valeur représenterait aujourd'hui ce pfennig. Toute notre terre serait massivement en or pur, notre soleil qui est 1 297 000 fois plus grand que notre globe terrestre, toutes nos planètes, empourprés par l'or, ne suffiraient pas pour exprimer la valeur de cet unique pfennig jadis investi à intérêts composés.

Un troisième exemple : la fortune de la maison Rothschild, la fortune de la plus vieille ploutocratie internationale, est évaluée aujourd'hui à 40 milliards. Il est notoire que le vieux Amschel Mayer Rothschild, à Francfort, autour de l'année 1800 sans fortune personnelle notable, a constitué la base de la gigantesque fortune de sa maison en prêtant les millions que le comte[23] Guillaume 1ᵉʳ de Hesse lui avait confiés en dépôt.

Si l'accroissement de la fortune des Rothschild par l'usure s'était réalisé seulement à un rythme modéré, comme avec le pfennig, alors la courbe n'aurait pas été si verticale. Mais à supposer que l'augmentation de la fortune totale des Rothschild continue à suivre le même rythme que le pfennig, alors la fortune des Rothschild atteindrait en 1935 : 80 milliards, en 1950 : 160 milliards, en 1965 : 320 milliards, et ainsi elle dépasserait de loin la valeur totale du patrimoine national allemand.

De ces trois exemples, on peut en déduire une loi mathématique. La courbe qui indique la sortie de la fortune des Rothschild, la courbe qui se laisse déduire du nombre des grains de blé de l'échiquier, comme celle qui indique l'augmentation du pfennig à intérêts composés, sont des courbes mathématiques simples. Toutes ces courbes ont le même caractère. Après une

---

[23] Feder emploie le mot *Landgraf* que l'on peut traduire par « landgrave » en français, mais le *landgraf* n'est qu'un comte dans la hiérarchie allemande des titres nobiliaires. *Landgraf* veut dire étymologiquement « comte du pays », c'est pour cela que l'on traduit habituellement ce mot par « comte », « landgrave » n'aurait pas signifié grand-chose pour un lecteur francophone.

hausse initiale modérée et lente, la courbe devient de plus en plus verticale, et tend bientôt pratiquement et tangentiellement à l'infini.

L'évolution du capital industriel reste limitée

En revanche la courbe du capital industriel évolue tout autrement. La plupart du temps issue de petits commencements, une forte ascension des courbes se manifeste bientôt jusqu'à ce qu'une certaine saturation du capital soit atteinte. Ensuite, les courbes évoluent plus horizontalement et baisseront généralement, probablement dans chaque industrie séparément, si de nouvelles inventions viennent dévaluer les installations industrielles existantes, les machines, etc. Je voudrais choisir un exemple parmi d'autres : le développement des usines Krupp. En 1826, le vieux Krupp mourut presque sans fortune.

En 1855, Alfred Krupp reçut sa première commande de 36 canons du gouvernement égyptien. En 1873, Krupp employait déjà 12 000 ouvriers. En 1903, madame Bertha Krupp vendit toutes les usines et succursales pour 160 millions à l'Alfred Krupp A.G.[24] Aujourd'hui, le capital des actions de l'entreprise Krupp s'élève à 250 millions. Que représente et signifie pour nous, Allemands, le nom Krupp ? L'acmé de notre développement industriel. Le premier constructeur de canons du monde. Une quantité démesurée de travail performant et productif le plus intensif, le plus opiniâtre et le plus déterminé. Pour des centaines de milliers de nos compatriotes,[25] l'entreprise Krupp signifiait du pain et du travail. Pour notre peuple, défense et armement, et pourtant, Krupp est un nain en face des milliards des Rothschild. Que signifie

---

[24] L'acronyme A.G. « aktiengesellschaft » correspond exactement à notre S.A. « société par action ». Il vaut mieux laisser ici le terme allemand A.G., il n'est pas sûr que les lecteurs francophones sont tous des spécialistes de droit commercial, l'acronyme S.A. est moins connu que l'acronyme S.A.R.L.

[25] Feder, en bon nationaliste allemand et fidèle à la phraséologie nationaliste de l'époque, emploie le mot *Volksgenosse*, littéralement « compagnon du peuple » que nous traduisons très imparfaitement mais exactement par « compatriote », de plus le mot « compatriote » correspond étymologiquement exactement à *Volksgenosse* : cum-patria (« avec-patrie », celui qui est avec moi dans la patrie). La tradition politique française, même à l'extrême droite est différente et recourt moins à des vocables évoquant une appartenance à une communauté ethnique commune pour désigner ses ressortissants.

Une langue et son lexique sont l'expression du génie particulier de chaque peuple, la culture française est plus universelle que la culture allemande, ce qui explique l'absence de termes comme *Volksgenosse*.

l'accroissement de la fortune des Krupp en un siècle face à la croissance de la fortune des Rothschild acquise par intérêts et intérêts d'intérêts, ainsi que par l'accroissement infini et sans effort de la valeur de cette fortune ?

COURBES du
CAPITAL INDUSTRIEL et
du CAPITAL FINANCIER (prêts)

(d'après le graphique manuscrit de l'édition allemande)

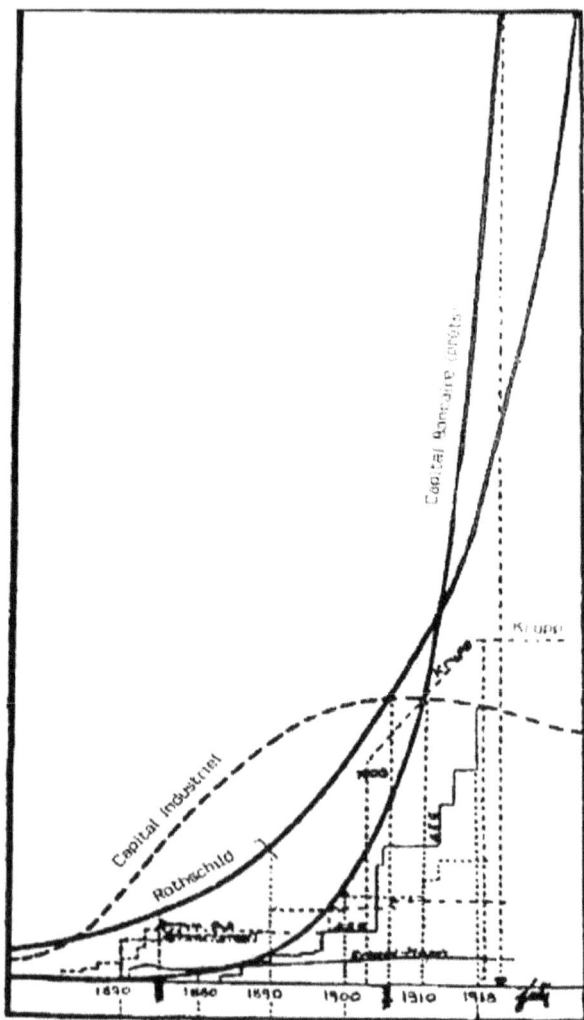

Courbes du capital industriel et du capital financier

Les 2 courbes tracées en gras sont les courbes des intérêts de prêt. La courbe supérieure montre la progression de la fortune des Rothschild et la courbe inférieure, d'abord plate et puis montant rapidement, montre d'une manière très générale l'évolution caractéristique de ce genre de courbes, chez lesquelles les ordonnés doublent alors que les abscisses restent constantes. La ligne en pointillé montre la courbe de progression de toute notre industrie au cours des 40-50 dernières années. Les lignes fines tracées séparément en pointillé montrent l'évolution d'une série de grandes entreprises industrielles prises au hasard, desquelles se déduit le caractère général de la courbe en pointillé du capital industriel.

Il faut précisément remarquer que les courbes ne sont pas tracées à l'échelle et que surtout les courbes du capital financier apparaissent fortement compressées. Ainsi par exemple, la courbe de la fortune des Rothschild face à celle des Krupp devrait être au moins 80 fois plus grande. Le propos du tracé des courbes est seulement de démontrer la différence fondamentale de l'essence de ces deux sortes de capitaux. Les courbes du capital financier révèlent d'abord une progression à la hausse très lente ; ensuite, la progression s'accélère, jusqu'à ce qu'elle, tout en allant de plus en plus vite et en s'emparant de tout, s'élève démesurément, en insultant à tout entendement humain, et tende à l'infini.

La courbe du capital industriel ne tend pas en revanche à l'infini ! Le cours de la courbe peut dans certains cas accuser de fortes divergences, mais en général l'essence fondamentale de l'évolution du capital industriel sera toujours de telle sorte qu'après une progression initiale importante, il s'ensuit un certain temps de maturité, et après, de saturation. À ces deux moments, succède ensuite lentement ou rapidement, une dépression.

Le moyen radical

Rien ne nous montre aussi clairement la différence essentielle entre le capital financier et le capital industriel. Rien ne nous enseigne plus clairement de cette confrontation la différence entre les effets funestes des intérêts bancaires et les gains des dividendes du capital industriel investis avec force risques et placés dans de grandioses réalisations industrielles. On n'insistera pas assez sur le fait que la connaissance des lois mathématiques sur lesquelles le capital financier et industriel se fonde, nous montre la voie unique et sans détour où le levier doit être enchâssé pour que nous réalisions une révolution dans la gestion de nos finances ruinées. Nous reconnaissons clairement que ce n'est pas l'économie capitaliste, que ce n'est pas le capital en soi et comme tel qui est le fléau de l'humanité. Le besoin intarissable d'intérêts du grand capital financier est la malédiction de toute l'humanité laborieuse !

Briser les chaînes de l'usure est le sens possible et raisonnable d'une révolution mondiale

Le capital est nécessaire - le travail est nécessaire ! Le travail seul peut peu de choses - le capital seul ne doit rien pouvoir !

Le capital sans travail doit rester stérile ! C'est pourquoi l'exigence la plus importante, la tâche la plus noble de la révolution, l'objectif le plus sage d'une révolution mondiale est d'anéantir notre asservissement à l'usure. La fortune de la maison Rothschild est estimée à 40 milliards. Les milliardaires de la haute finance américaine, les sieurs Kahn, Loeb, Schiff, Speyer, Morgan, Vanderbilt, possèdent ensemble une fortune estimée entre 60 et 70 milliards ; avec un intérêt à 5%, cela signifie un revenu de 5 à 6 milliards pour ces 8 familles, c'est presque autant que, d'après les analyses de Helfferich en 1912, le produit annuel des impôts de 75% des contribuables prussiens. (Il y avait à l'époque à peu près 21 millions de contribuables recensés. 75% de ces derniers font à peu près 15 millions. À chaque contribuable recensé correspond en moyenne 1,56 membre, ainsi donc 23 millions de membres).

Environ 38 millions d'Allemands ont donc dû vivre avec ce que les milliardaires susmentionnés perçoivent comme revenu en une année. Les milliardaires américains ne sont certainement pas dans ce sens de « purs banquiers spéculateurs », comme la maison Rothschild etc., et je ne veux aussi surtout pas vétiller pour savoir si les milliardaires américains sont des « milliardaires à 100 millions de dollars » ou véritablement des « milliardaires à 1000 millions de marks » ; dans le premier cas, on devrait compter en sus encore une ou deux douzaines de Crésus. Ou prenons maintenant les « 300 » de Rathenau, alors dans ce cas notre compte est exact. Il importe peu de donner ici un chiffre précis, mais l'ordre de grandeur reconnu de 300 à 38 000 000 nous ouvre les yeux sur le despotisme du capital financier international.

C'est pourquoi nous secouerons d'un coup ces fers atroces qui étouffent tout travail actif, nous arracherons à l'argent le pouvoir d'enfanter des intérêts toujours et encore jusqu'à la soumission totale de l'humanité tout entière aux intérêts du capital financier international.

Ces trois points sont donc ceux qui, pour la première fois, nous ont montrés clairement l'endroit où devait porter nos efforts efficaces, si l'on voulait remédier aux difficultés de nos finances publiques. D'autre part, nous nous apercevons que les multiples attaques de l'ensemble de la pensée socialiste contre le capital industriel sont complètement déplacées et erronées, parce qu'un contrôle parfait et élaboré ou une socialisation de l'ensemble des bénéfices des entrepreneurs - à condition que l'économie se meuve dans une période faste - rapporterait un montant faible et ridicule, comparé aux énormes charges grevant le budget de l'État fédéral et des États fédérés. Avec la rupture des chaînes de l'usure, on peut remédier d'un coup à la situation déplorable de nos finances. En une fois, nous touchons de nouveau la terre ferme sous nos pieds ; en une fois, nous devons commencer à comprendre et nous commencerons à comprendre que nous n'avons abusé que nous-mêmes, d'une manière vraiment grotesque, avec cette funeste économie bancaire.

L'emprunt de guerre fut une escroquerie du veau d'or

Qu'est-ce donc le capital financier, sinon autre chose que des dettes ? Le capital financier, ce sont des dettes ! On ne le répétera jamais assez. Quelle aberration lorsque le peuple allemand dans sa totalité a dû trouver ailleurs 150 milliards pour sa guerre ! Qu'il a escompté pour lui-même un revenu d'intérêts de 7,5 milliards et maintenant se sent confus d'avoir été plongé dans cet embarras bien naturel dès le début, puisqu'il doit recouvrer chez lui ces 7,5 milliards sous la forme d'impôts astronomiques ! Le tragique de cette illusion imposée à soi-même réside cependant moins dans l'ineptie de toute cette économie d'emprunts de guerre grâce à laquelle nous avons pu tenir longtemps sur le front, que, plutôt, dans le fait que seul un relativement petit nombre de grands capitalistes en retire un profit énorme, alors que l'ensemble du peuple travailleur, les petits et moyens patrons inclus, ainsi que le commerce, l'artisanat et l'industrie, doivent payer la note des intérêts. Et ici se manifeste au grand jour la facette politique de toute cette idéologie. Vous pouvez reconnaître ici que le grand capital financier, et uniquement lui, constitue en fait le fléau de l'ensemble de l'humanité laborieuse. On peut tourner et retourner la chose comme on veut, c'est la masse de tous les producteurs actifs qui devra toujours en dernier lieu prendre en charge le paiement des intérêts du capital financier. Les petits et moyens patrons n'ont rien de leurs beaux intérêts, ne peuvent en avoir, car le montant des intérêts leur est pris intégralement par les impôts. Que ce soit sous la forme d'impôts directs ou par la voie des impôts indirects, des timbres, de taxes ou diverses redevances sur les voies de communication, c'est toujours le peuple laborieux le dupé et le grand capital le bénéficiaire.

La sainteté de l'intérêt est la superstition du veau d'or

Il est à présent tout à fait étonnant de voir comment toute la pensée socialiste, issue de Marx et d'Engels, portée sur les fonds baptismaux avec le *Manifeste du parti communiste* et le programme d'Erfurt (notamment Kautsky), ainsi que les caciques socialistes actuels, se mettent au garde-à-vous, comme à l'armée sur ordre d'un supérieur, devant les intérêts du capital financier. La sainteté de l'intérêt est le Tabou ; l'intérêt est le saint des saints ; personne n'a encore osé y attenter. Alors que la propriété, la noblesse, la sécurité des personnes et des biens, les droits de la couronne, les privilèges, les convictions religieuses, le code d'honneur des officiers, la patrie et la liberté sont peu ou prou réprouvés, l'intérêt, lui, demeure saint et inexpugnable. Les confiscations de fortune, les socialisations sont à l'ordre du jour, par conséquent des violations juridiques manifestes, qu'on peut certes quelque peu minimiser parce qu'elles ne sont commises sur l'individu qu'au nom du prétendu intérêt commun. Tout cela est autorisé, mais l'intérêt, l'intérêt est le *noli me tangere*,[26] le « ne me touche pas ». Le paiement des intérêts de la dette du Reich est l'alpha et l'oméga du budget de l'État. Son poids gigantesque attire le bateau de l'État dans l'abîme et pourtant - tout cela n'est qu'escroquerie - cette monstrueuse négation de la réalité est forgée uniquement et seulement au bénéfice des grandes puissances financières.

---

[26] En latin dans le texte, ce qui signifie : « ne me touche pas ».

Je voudrais tout de suite aborder brièvement les objections relatives aux petits retraités dont nous devrons discuter plus tard, afin que l'idée de leur indemnisation ne reste cependant pas en suspens. Ces objections ne rentrent pas en ligne de compte quand l'on considère les grandes questions économiques, et c'est bien naturellement que pourvoir à ces indemnisations se réalisera en achevant de mettre en place un système d'aide sociale.

Escroquerie disais-je, escroquerie à l'intérêt ! Une parole dure. Mais si ce mot peut être justifié, qui était sans doute pendant la guerre sur le champ de bataille et dans la patrie sur toutes les bouches, alors il est justifié avant tout pour l'escroquerie à l'intérêt.

Quid cependant avec les emprunts de guerre ? Le Reich a pris dans les poches du peuple, avec les 5 premiers milliards, les économies réellement existantes dans le pays. L'argent revint dans l'économie. Ensuite vint le nouvel emprunt, qui aspira derechef l'argent et encore les dernières économies subsistantes. Et la pompe revint, aspira les millions, et ces derniers se réduisirent de nouveau à la portion congrue jusqu'à ce que le Reich, après que ce jeu charmant fut réitéré neuf fois, fît 100 milliards de dettes.

Pour cela, le peuple avait assurément 100 milliards de beau papier imprimé entre les mains. Tout d'abord, nous nous sommes imaginés que nous étions devenus aussi riches que cette somme nominale, maintenant l'État arrive et dit : «je m'apprête à faire banqueroute ».

Oui, pourquoi donc ? Moi-même, je ne puis faire pourtant banqueroute si je mets tout le temps un billet de 100 marks de la poche droite de mon pantalon dans la poche gauche de celui-ci. Ce serait toutefois la plus grande des folies de montrer l'insanité de notre économie d'emprunt de guerre en nous déclarant en faillite.

Brisons les chaînes de l'usure ! Déclarons les titres des emprunts de guerre comme moyens légaux de paiement en supprimant les intérêts, et comme la neige de mars caressée par le soleil, le cauchemar de la banqueroute de l'État s'éloignera.

On m'a dit que la suppression des intérêts était une banqueroute qui ne disait pas son nom. Non, ce n'est pas vrai ! Le spectre de la banqueroute de l'État n'est en fait qu'un épouvantail pour les enfants et leur nourrice, controuvé par les puissances du veau d'or.

Le livre de Fr. Röhr : *Ce que chacun doit savoir de la banqueroute de l'État,* est complètement nourri de raisonnements typiques du veau d'or, bien que l'auteur en général reconnaisse très clairement les dangers que fait peser la socialisation sur notre économie. Et quelle que soit l'exactitude de ses remarques sur le fait qu'en dernier recours seule une reconstruction de notre économie pourra nous sauver, il ne peut se départir de cette superstition, de cette sainteté de l'intérêt, et nous campe ainsi la banqueroute de l'État totalement à l'avantage du veau d'or, comme une catastrophe totalement effrayante.

C'est très intéressant d'entrevoir comment Röhr, malgré de meilleures connaissances historiques ne peut lui non plus pas se départir du veau d'or, et il fait cette remarque dans sa péroraison : « Si la catastrophe économique destructrice ne peut pas être évitée, alors aucun ne sera épargné par elle », alors qu'il confesse, p. 81, que les conséquences des mauvaises gestions concernant le budget de l'État ont été en partie très vite neutralisées, et que, p. 68, puisse-t-il en être ainsi en tous les cas, la Russie (dans le dernier siècle : XIXᵉ) a surmonté ces crises sans désordres persistants.

P. 76, il dit en résumé dans ses analyses des effets d'une banqueroute de l'État que des désordres profonds sont certes survenus, mais que ceux-ci n'ont entraîné ni la destruction de l'État ni la destruction de ses forces économiques. Bien au contraire, continue-t-il, on a observé assez fréquemment un peu après une renaissance de l'économie et un assainissement réussi des finances publiques. Si on suit ensuite l'auteur 3 lignes plus bas, on peut lire que la banqueroute de l'État signifie obligatoirement une catastrophe économique et conduit à une misère infinie : je regrette de ne pas pouvoir partager sa logique.

La banqueroute de l'État est le salut de l'économie nationale

Mais de retour à notre cas singulier ! Qu'est-ce qui est vraisemblablement plus honnête ? Parler d'une manière pharisienne de l'intangibilité des emprunts de guerre et en même temps accabler le peuple par une pression fiscale exorbitante ? Ou, si un ministre des finances en avait le courage, s'il allait au-devant du peuple pour lui déclarer ouvertement : « je ne puis payer les intérêts pour les emprunts de guerre, ou alors seulement si je recouvre précisément autant d'impôts versés par vous.

... Mais quand j'ai, à l'époque pendant la guerre, disposé de plus d'argent, quelque chose de plus avisé (cf. l'Angleterre) ne m'a pas traversé l'esprit, et ainsi j'ai commis l'escroquerie des emprunts de guerre à fort taux d'intérêt. Pardonnez-moi, mes chers compatriotes, tout cela était finalement pour vous, mais ne jouons plus à cache-cache. Moi, l'État, je ne paye plus d'intérêts et toi contribuable, tu n'as pas besoin de payer des impôts pour le paiement des intérêts. Cela simplifie considérablement nos affaires, nous économisons l'appareil administratif énorme des impôts, et tout aussi bien l'organisation imposante du service des intérêts, partant une masse colossale d'argent et de personnel. »

Je me suis affligé longtemps de la découverte de cette escroquerie, mais je considère comme fondamental de ne perdre à aucun moment la vision de l'ensemble.

Le cercle de personnes, ceux qui supporteraient tout le poids de cette misère, disons donc ceux (revenu d'activité de 1500 marks) qui ont touché plus de 30 000 marks de rente en capital d'après leur déclaration d'impôts, sont 822 d'après les services des impôts bavarois, c'est-à-dire seulement 0,4% des contribuables. On peut dès lors considérer que leur nombre ne dépassera pas 10 000 personnes (la haute société)[27] pour toute l'Allemagne.

Nous voulons succinctement nous rendre compte des aspects importants de cette revendication révolutionnaire, c'est-à-dire que nous voulons tout d'abord considérer la question de notre point de vue national.

Nous avons besoin au premier chef d'une vision claire de notre situation actuelle. Le Secrétaire d'État Schiffer l'a déclarée « incalculable », « insaisissable » dans son grand

---

[27] « Die oberen 10 000 », « les grands 10 000 », expression lexicalisée et idiomatique correspondant à nos « 200 familles ».

discours à la chambre de commerce de Berlin. Cela est partiellement vrai. Incommensurable est l'endettement titanesque de notre économie, la dévaluation inouïe de nos moyens de paiement, en un mot, le fait que nous soyons devenus en une nuit un peuple pauvre.

Il est néanmoins impossible d'estimer la somme des charges qui nous sont imposées par la conclusion de la paix. Les reconnaissances de dette déjà existantes se chiffrent, comme nous l'avons vu, à près de 250 milliards. Nous supposons même que l'Entente va encore nous imposer 50 milliards pour indemnisation de guerre sous n'importe quelle forme, tout cela fait donc à peu près 300 milliards de dettes.

Bien qu'il soit si difficile de traiter ce sujet dans le cadre étroit de ce traité, il faut mentionner dans ce passage l'ordre de grandeur de la richesse nationale. Les analyses d'Helfferich et de Steinmann-Bucher évaluent la richesse nationale de l'Allemagne à environ 350 milliards. On ne peut prêter à de telles observations qu'une valeur partielle, quelle que soit la prudence avec laquelle elles furent établies. Elles ne valent que pour les périodes de prospérité. Mais ces observations sont là encore spécieuses, puisque les possessions de l'État et des municipalités sont incluses dedans, comme par exemple les canaux et les routes, etc.

Il est certain que la réalisation de tels travaux a coûté beaucoup d'argent, mais ils n'ont en fait aucune valeur propre. Un meilleur étalon de mesure pour évaluer le niveau de la richesse nationale est la prétendue fortune imposable, comme elle résulte des déclarations d'impôts pour la contribution à la guerre ou l'impôt sur les bénéfices de guerre. Cela donne ici une somme totale de 192 milliards, beaucoup moins que les calculs de Helfferich.

On peut rajouter à cette somme encore une majoration, d'après notre expérience, d'environ 10% pour les petites fortunes non soumises légalement au fisc et également environ une grosse majoration pour les « réserves silencieuses ».

En tout état de cause, il paraît utopique d'évaluer une fortune nationale supérieure à 250 milliards. Encore ce chiffre n'a-t-il qu'une valeur partielle. Le plus juste serait de toute façon d'en finir avec l'idée d'une fortune nationale que l'on ne pourrait connaître qu'avec des chiffres ; il faudrait parvenir à la conclusion que la fortune nationale gît uniquement dans la force de travail intellectuelle et manuelle de toute la nation, cette fortune nationale appartient donc à des ordres de grandeur qui n'ont strictement rien à voir avec la notion étroite de capital. Nous devons aussi entrevoir une autre source de la richesse nationale dans l'existence de ressources minières, de nombreuses forêts et de terres fertiles, mais voilà, ces éléments ne se laissent pas appréhender par les chiffres, parce qu'ils oscillent entre 0 et l'infini. Les richesses minières peuvent être en effet non exploitées, alors que l'on sait, grâce aux expertises géologiques, que des milliards de tonnes de charbon et d'autres minerais sont enfouis sous terre.

Nous ne voulons pas oublier que l'Allemagne est en réalité un pays pauvre. Elle ne possède vraiment aucun monopole. En richesses, elle le cède largement à la plupart de ses voisins, sans parler des ressources insoupçonnées des empires chinois, indien et américain. Quant à la fertilité du sol, elle le cède encore largement aux contrées bénies que sont les terres noires russes, les régions tropicales et subtropicales où tout pousse facilement. Il ne nous restera donc toujours en dernier ressort que notre force de travail, la volonté de labeur de notre peuple, ainsi que l'existence de suffisamment de travail. Nous devons comprendre que dans cette situation d'emprunts réels, il ne peut être question de sécurité réelle pour nos titres de dette.

Que ce soient les emprunts de guerre soumis à intérêts ou les billets de banque nationaux non soumis à intérêt, c'est la capacité fiscale du peuple tout entier qui se trouve uniquement et seulement derrière eux et les soutient, et qu'est-ce que la capacité fiscale sinon autre chose que le rendement productif de toute la population active ?

Nous devons maintenant commencer brièvement à saisir une autre problématique abordée ici, à savoir les sources principales des recettes de l'État et les postes des dépenses.

Il existe un contraste curieux entre le vaste espace que la question de se procurer de l'argent prend dans notre vie privée et l'intérêt que nous témoignons aux grandes questions relatives à la gestion des finances de l'État, et pourtant, il n'existe vraiment aucune différence essentielle entre l'économie domestique et l'économie politique.

Les postes principaux des revenus de l'État sont : premièrement les bénéfices des postes et des chemins de fer ; deuxièmement les revenus des mines, des Eaux et Forêts et de quelques autres entreprises publiques ; troisièmement les douanes et les impôts indirects ; et quatrièmement les impôts directs. Je veux, pour ne pas me livrer à une controverse uniquement théorique sur une question pratique aussi éminente, brièvement expliquer, à l'aide du budget (1) de l'année 1911 du royaume de Bavière, les différents postes d'après leur ordre de grandeur respectif. La poste, les télégraphes et les chemins de fer (2) rapportèrent 120 millions, les Eaux et Forêts, les mines, etc. environ 40 millions, les impôts indirects 53 millions, les impôts directs 60 millions. Encore, 67 millions vinrent de taxes sur les timbres et cachets, de droits divers, d'impôts sur les successions, de fonds fédéraux de péréquation, de virements de l'État fédéral, etc.

Comment se présentent maintenant les dépenses ? Nous trouvons ici à la première place les dépenses pour le paiement des intérêts de la dette du royaume (le service de la dette), les emprunts pour la construction des chemins de fer inclus, avec 85 millions. Pour la maison royale, 5 millions, la justice 27 millions, l'administration territoriale 40 millions, les églises et les écoles 51 millions, l'administration des finances 13 millions, les contributions aux dépenses fédérales 50 millions, les retraites 36 millions. Diverses dépenses : 5 millions. Un excédent de recettes de 27 millions a équilibré le budget de l'époque dans cette heureuse année des finances bavaroises.

(1) . Les indications suivantes sur le budget du royaume de Bavière sont extraites de l'annuaire statistique bavarois de l'année 1913 en montants arrondis. Cet annuaire statistique est le dernier annuaire paru avant la guerre, qui donne des renseignements exhaustifs sur les finances bavaroises. Pendant la guerre, aucune édition plus récente n'est parue.
(2) . La montée continuelle du taux des salaires et du prix des matériaux a mené au fait que le produit pur des chemins de fer bavarois dans l'année 1918 s'est réduit à 3 millions de marks, alors que les années précédentes, il avait rapporté en moyenne 80 millions. En Prusse, selon les communications du ministre des

finances Simon, est apparu un déficit de 1 300 000 000 de marks à la place des revenus habituels qui furent jusque maintenant en moyenne d'un montant de 700 millions de marks. C'est pourquoi moins que jamais, nous ne pouvons penser à une suppression immédiate des impôts directs et indirects. Nous devons au contraire penser plus que jamais à supprimer incontinent les nouvelles dettes apparues à la suite de la politique financière catastrophique, en soumettant à forte contribution les fortunes et au premier chef les très grosses fortunes.

Ne nous intéressent cependant, dans le cadre de notre idée générale, que les dépenses qui peuvent être supprimées en brisant les chaînes de l'usure. Ici, il y a en premier lieu évidemment la dépense pour le règlement des intérêts de la dette publique (service de la dette), de 85 millions, à cela rajoutons la plus grande partie de notre dépense pour l'administration des finances, avec environ 10 millions, ensuite, une grande partie des contributions aux dépenses fédérales que nous évaluons à la moitié, avec 25 millions, et enfin les dépenses de la maison royale de Bavière[28] qui n'ont plus lieu d'être aujourd'hui

---

[28] Après la première guerre mondiale, la défaite militaire et la constitution de la République de Weimar, toutes les maisons royales allemandes ont abdiqué, dont la maison royale de Bavière

avec 5 millions : tout cela additionné fait 125 millions.

Déjà avant la guerre, on aurait pu avec des finances bien gérées renoncer à tous les impôts directs et indirects.

L'annulation de ces postes signifie la possibilité de renoncer à la perception de tous les impôts directs et indirects qui, comme nous l'avons vu, rapportèrent 53 et 60, soit au total 113 millions !

Nous ne sacrifions en aucun cas à l'avis qu'il faudrait abolir complètement les impôts directs et indirects ; versés dans des limites raisonnables, ils ont indubitablement une fonction éducative, et d'autre part, une fonction régulatrice.

Il est juste et équitable que le revenu d'une propriété viable soit soumis à un impôt modéré et progressif, l'État doit assurer avec ses moyens la protection de la propriété, chacun a le droit de jouir de celle-ci paisiblement ; il apparaît tout aussi à-propos que le commerce et l'industrie, par les bénéfices qu'ils réalisent, soient mis à

---

des Wittelsbach à laquelle appartenait Elisabeth de Wittelsbach dite Sissi l'impératrice, l'épouse de François-Joseph. C'est le roi de Prusse et empereur allemand Guillaume II qui a le premier abdiqué.

contribution proportionnellement à l'importance de ces derniers, l'État doit aussi pour eux veiller à l'entretien et à la construction des voies de communication ; un impôt minimum par tête, pour chaque électeur, est également une exigence de justice, car on exige aussi de l'État la garantie de la sécurité des personnes et des biens.

Dans le domaine des impôts indirects, une amélioration et une augmentation conséquente de l'imposition des biens de « luxe pur » pourraient avoir des effets régulateurs au meilleur sens du terme, alors que tous les biens de première nécessité et les produits d'alimentation de base du peuple pourraient ne pas être imposés.

La conséquence d'une telle politique fiscale serait moins à chercher dans un haut rendement financier, il ne peut en être question puisqu'elle doit être pour la grande masse de la population, non comme une véritable charge fiscale, mais un rappel que l'homme n'est pas seulement un individu, mais aussi un citoyen, et qu'en dehors de ses droits de citoyen, il a aussi des devoirs de citoyen. Le rendement des impôts doit moins servir à alléger la charge fiscale des entreprises publiques, leurs revenus, comme nous l'avons vu, suffisent pour couvrir les dépenses régulières de l'État pour l'éducation, la formation, la justice, l'administration civile, etc. Les impôts devraient être utilisés pour encourager et faire la promotion de certaines missions de l'État pour lesquelles, dans le cadre du budget régulier de celui-ci, il n'y a jamais de moyens correspondants prévus. Je pense ici au premier chef aux pouponnières, aux établissements pour invalides et aveugles, aux crèches, à la protection de la maternité, au combat contre la tuberculose, l'alcool et les maladies vénériennes, à l'établissement de cités-jardins et de lotissements, en particulier pour le logement et la digne assistance de nos blessés de guerre.

Notre horizon s'étend. Nous voyons des nouvelles terres. L'abolition de tous les impôts pourrait-elle signifier la rupture avec les chaînes de l'usure ? Elle le serait, si notre peuple était sorti vainqueur de ce combat de titans. Ainsi, n'exultons pas trop tôt, et les charges qui nous ont été imposées par nos ennemis vont d'ailleurs y pourvoir. Mais en tout cas, nous entrevoyons des terres inconnues en raison des considérations très simples qui viennent d'être faites à propos du budget de l'État bavarois. Dans les grands traits, nous voyons des rapports tout à fait semblables dans les autres États allemands fédérés, et l'on ne répétera jamais assez que les excédents des entreprises publiques, donc les chemins de fer, les postes, les télégraphes, les eaux et forêts, les mines, etc., pourraient couvrir sans difficultés toutes les dépenses publiques pour l'ensemble de la justice, de l'administration civile, les chantiers de l'État inclus, toutes les dépenses pour l'éducation et la formation, ainsi que les cultes. Donc, une situation presque idéale.

L'intérêt renchérit tout

Pourquoi n'en est-il pas ainsi ? L'intérêt s'est introduit subrepticement. À cause du paiement des intérêts, le prix des denrées alimentaires augmente pour le peuple ; à cause de l'intérêt, le sucre, le sel, la bière, le vin, les allumettes, le tabac, et d'innombrables autres articles de première nécessité sont soumis à des impôts indirects. À cause des intérêts, des impôts directs doivent être levés, lesquels se divisent en impôts fonciers qui se répercutent dans l'augmentation du prix des céréales ; en impôts sur la propriété bâtie qui favorisent la hausse du prix des loyers ; en taxes professionnelles qui grèvent le travail créateur ; en impôts sur le revenu qui réduisent le train de vie des fonctionnaires et de tous ceux qui perçoivent un salaire fixe ; finalement tout à la fin, modéré dans le don et insatiable quand il s'agit de prendre, vient le capital financier, avec l'impôt sur la rente du capital. Des 253 millions perçus au titre des rentes sur le capital en Bavière, sur la foi des déclarations d'impôts de l'année 1911, il fut versé à l'État au total 8,1 millions d'impôts.

Nous avons vu que toute rente sur le capital, tout intérêt sur le capital doit être en dernier lieu exclusivement supporté par le travail du peuple tout entier. Nous avons vu que le paiement des intérêts pour les dettes publiques constituait le plus grand poste dans le budget de l'État et nous avons vu que les contribuables qui percevaient des rentes sur le capital n'apportaient qu'une contribution très modeste aux recettes de l'État.

Pour ce qui concerne le montant total des impôts directs perçus en Bavière dans l'année 1911, qui est de 60 millions, le capitaliste, selon l'ordre de grandeur, paie avec ses 8 millions seulement 1/8e jusqu'à un 1/6e de cette somme. Les impôts directs constituent d'après l'ordre de grandeur 1/5e de toutes les recettes de l'État. Ainsi le capital financier ne produit environ qu'une allocation couvrant 1/30e à 1/48e de tous les besoins de l'État.

Il ne faut pas nier que la législation fiscale a mis fortement à contribution, notamment dans les dernières années de la guerre, les rentes sur les capitaux, mais la plus forte imposition indirecte a si passablement suivi le rythme que rapport des grandeurs s'est à peine déplacé. Le tableau devient tout simplement atroce quand nous considérons budget du Reich.[29] Ici les rapports en

---

[29] *Bis repetita placent,* même dans la constitution de la République de Weimar, il y a eu continuité juridique du Reich allemand, la République de Weimar était juridiquement un Reich, il faut donc encore entendre ici *Reich* juridiquement et constitutionnellement, c'est-à-dire par État fédéral ou fédération. La constitution de la République de Weimar était une constitution fédérale, le Reich correspondait à l'État fédéral (dans la constitution allemande actuelle, c'est le *Bund,* la fédération) et les *Bundesstaaten* aux

eux-mêmes sont de beaucoup moins favorables. L'État fédéral n'a pas les ressources en impôts que possèdent les différents États Fédérés. Les impôts directs sont réservés aux États fédérés, les entreprises publiques du Reich se limitent à la poste fédérale et aux chemins de fer fédéraux (mais attention : sans les chemins de fer prussiens), il ne reste ainsi que les douanes et les impôts indirects.

Les ordres de grandeur de ces sources de recettes du Reich (de l'État fédéral) (voir l'annuaire statistique pour le Reich allemand de l'année 1917 et 1918) étaient pour l'année 1915 de 1 milliard pour la poste fédérale et les chemins de fer, de 0,7 milliard pour les droits de douane, 1 milliard pour les impôts indirects, 0,8 milliard pour des recettes particulières (contribution à la défense, frais d'immatriculation), etc. Ici encore, nous avons le même tableau. Le règlement des intérêts de la dette du Reich en engloutissait dès l'année 1915 le tiers, soit 1,3 milliard. Aussi ici, le capital financier s'est derechef introduit dans la place. Aussi ici, il sollicite pour sa satisfaction tous les impôts indirects. Le sucre rapporte 163 millions, le sel 61 millions, la bière 128, le tabac,

---

États fédérés (dans la constitution allemande actuelle, ce sont des Länder) comme dans tout État fédéral classique. L'État fédéral et les États fédérés subsistent toujours, c'est simplement leur dénomination qui change.

l'eau de vie, le vin mousseux, les moyens d'éclairage, les allumettes, les jeux de cartes et un nombre infini d'autres petits expédients fiscaux devaient servir à réunir péniblement un milliard qui passe ensuite complètement dans les poches des capitalistes.

Aujourd'hui la prise en charge des seuls intérêts de la dette est un mystère. Les règlements d'intérêts de nos 100 milliards d'emprunt de guerre, ainsi que d'autres crédits de guerre, engloutissent déjà à eux seuls 8 milliards. Nous pouvons à peine augmenter les recettes de la poste et des chemins de fer. Nous ne lèverons guère plus de droits de douane, ainsi il ne restera probablement qu'à multiplier par 5 ou par 10 les impôts indirects, une impossibilité !

Ou alors, viendra la claire conscience que seule la rupture des chaînes de l'usure sera salvatrice. Une immense imposture pour nous-mêmes, voilà ce que fut toute cette économie d'emprunts de guerre. Le peuple allemand a emprunté cent milliards à lui-même pour sa guerre. Pour cela, il s'était promis 5 milliards d'intérêts, il doit par conséquent payer 5 milliards d'impôts. Les avantages, c'est seulement le grand capitaliste qui en jouit, lequel touche tant de rentes en capital qu'il est impossible qu'il profite de tant d'argent, et de plus, par l'impôt sur la rente du capital, on lui en reprend un pourcentage très modéré, comme nous l'avons vu.

L'égoïsme mesquin ne doit pas occulter le grand objectif

J'espère bien maintenant avoir exacerbé, par les grandes lignes de ma démonstration, l'effroi humainement compréhensible de beaucoup de lecteurs quant à la perte éventuelle des intérêts provenant de leurs belles créances. Qu'il soit maintenant brièvement démontré à l'aide seulement d'un exemple que toute cette économie d'intérêt est une grande illusion sur nous-mêmes, et je veux ici prendre pour exemple le plus haut niveau de ressource de la bonne bourgeoisie.

Supposons un revenu du travail de chef de famille, qui est de 1000 marks, on rajoute 5000 marks qui viennent de ses rentes sur le capital. De tout cela, il y a d'abord à peu près 1500 marks à payer en impôts directs, à quoi s'ajoutent des loyers trop chers, car il y a au moins 1000 ou 1200 marks à ôter pour l'éternel loyer ; encore 1000 marks devraient être absorbés par les impôts indirects pour une famille de 5 ou 6 personnes, et on reconnaît maintenant que, déjà, sous le régime heureux des impôts de naguère, il ne reste plus grand-chose des belles rentes sur le capital des moyens et petits épargnants. Aujourd'hui, cependant, on ne peut plus parler du tout de reliquat ; au contraire, des parts importantes du revenu du travail sont encore probablement prises par l'impôt, si l'on considère les fantastiques plans fiscaux actuels.

Le capitaliste ne jouit que des avantages

Tout autre est naturellement la situation pour le grand capitaliste qui perçoit 1 million de rente de capital (de tels gens sont aujourd'hui assez nombreux en Allemagne). En impôts sur le capital, ce bienheureux paie, au plus entre 50 et 60 000 marks. En impôts indirects, il ne paie aussi pas plus que le père de famille de l'exemple précédent.

Pour son ménage, il peut finalement aussi, dans cette période de vie chère, vivre cependant encore très agréablement avec 40 ou 50 000 marks. Il lui reste comptant 900 000 gentils marks, pour lesquels il percevra l'année suivante 5% d'intérêt, c'est-à-dire 45 000 marks d'intérêts bancaires et cela grâce aux charges pesant sur la population active.

Le petit retraité est indemnisé

Le petit retraité qui vit maintenant de ses intérêts, serait sans aucun doute lésé. S'il peut travailler, il devrait se décider à se procurer d'autres revenus par une activité salariée. Il se retrouvera alors toujours dans une meilleure situation que les millions de ses compatriotes qui n'ont rien, à part leur force de travail intellectuelle et manuelle. S'il ne veut pas travailler, alors il doit se résoudre à consumer sa fortune, à « manger son capital », comme on dit familièrement. Pendant 20 ans, il devra toujours vivre sur son capital, si son train de vie correspond à ses intérêts à 5%, qui ont eu cours jusqu'à maintenant. Quant aux personnes qui ne sont pas en état de travailler ou qui sont affaiblies par l'âge ou la maladie, il faudra bien entendu leur assurer une existence décente en développant et en étendant la sécurité sociale à toutes les couches de la population.

Je me représente le système social comme il suit :

Supposons une vieille dame, une veuve qui devait vivre jusqu'à présent des intérêts d'une fortune en capital de 60 000 marks, mais elle perd sa source de revenus à cause de la rupture des chaînes de l'usure sanctionnée dûment par la loi.

Ici, cette dame aurait l'occasion, grâce à l'amélioration du système de rente viagère qui concerne les personnes de son cas, de toucher une rémunération correspondant à son capital, ce qui permettrait de revaloriser sa rente viagère annuelle en rapport avec les intérêts qui lui étaient versés jusqu'à maintenant, pour lui donner une compensation en raison la dévaluation de l'argent. Ainsi par exemple, en échange de 60 000 marks remis en titres de dette de l'État fédéral, des États fédérés ou d'obligations foncières, on lui octroiera une rente viagère annuelle de 4000 marks. Si la veuve a des enfants et si elle veut leur transmettre une partie de sa fortune, alors il lui est loisible de convertir 40 000 marks en rente viagère, tandis que le reliquat de 20 000 marks reste en dépôt pour les enfants. Sur les 40 000 marks, selon l'âge de la personne qui perçoit cette rente viagère, on pourrait donner à la personne qui le sollicite jusqu'à 1/12 du capital en dépôt. Qu'il soit aussi derechef porté à l'attention du lecteur qu'en brisant les chaînes de l'usure, le coût de la vie va devenir pour la veuve bien plus accessible, grâce à la suppression des impôts écrasants.

On dépasserait trop le cadre de ce traité, en cédant en détail aux intérêts de chaque catégorie de la population. Il ne peut s'agir d'intérêts personnels avec une revendication aussi révolutionnaire, et puis, tout de même, avec les répercussions que cette idée va engendrer, nous allons faire l'expérience que ses conséquences salutaires seront finalement de nouveau profitables à chacun.

Sur le problème de l'affranchissement des obligations relatives au paiement des intérêts des emprunts de guerre, que je viens d'aborder juste au-dessus, je me suis efforcé de faire comprendre que le petit capitaliste, comme les centaines de milliers de ses semblables qui ont été encouragés à donner leurs économies en vertu d'une intense campagne publicitaire à l'américaine pour la souscription à des emprunts de guerre, ne touche plus rien en intérêts parce qu'il doit au surplus payer des impôts pour cela, mais encore qu'il doit, à cause d'une législation votée spécialement pour favoriser le grand capital, contribuer à payer pour les intérêts des millions souscrits. L'intérêt pèse sur nos enfants. Je pense que, au-delà de ces considérations hautement réalistes, seul un appel à tous les propriétaires d'emprunts qui se préoccupent du bien-être de leurs enfants devrait suffire pour leur faire accepter tout naturellement le renoncement à un intérêt perpétuel sur ce que le Reich devait leur régler. Que perd donc le patriote qui a donné 10 000 marks à sa patrie, qui se trouvait dans le plus grand danger, si ce n'est dans ce cas autre chose qu'un droit usuraire à toucher 50 000 marks seulement en intérêts sur une période de 100 ans, sans que le capital se soit dévalué d'un pfennig ? Ses enfants et ses petits-enfants devront travailler éternellement, pour que ces intérêts puissent être payés avant toute autre chose.

La question du remboursement des sommes empruntées peut être résolue de différentes façons. Dans ma brève idée-force relative au problème qui nous est soumis et que j'ai remise au gouvernement de l'État bavarois le 20 novembre, j'ai fait la proposition de remplacer le paiement d'intérêts par un remboursement sur 20 ans à un taux annuel de 5%. Je crois pouvoir faire par la suite une proposition encore meilleure qui en raison de sa simplicité mérite sûrement notre préférence : « Les titres d'emprunt de guerre seront déclarés monnaie légale et le paiement des intérêts sera aboli ». C'est l'œuf de Colomb. L'avantage de cette mesure est d'abord que personne en finalité ne remarque quelque chose. Les titres d'emprunt demeurent tranquillement dans les dépôts, seulement ils n'ont pas de descendance, aussi peu qu'un livre, un placard ou un autre objet de consommation qu'on a prêté à son ami.

La suppression des valeurs à intérêt fixe est une thérapie sous tous les rapports : économiques comme sociaux

Si on a besoin d'argent, on n'a qu'à aller quérir une attestation de titre d'emprunt de guerre dans son tiroir, et payer avec. Les attestations de titre d'emprunt de guerre ont autant de beauté et de valeur que nos autres billets de 10, 20,100 et 1000 marks. Il ne peut être question d'une inondation du marché de ces moyens de paiement avec un passage aussi doux d'une économie à intérêts à une économie sans intérêts. Les titres d'emprunt de guerre se trouvent déjà tous en sûreté et conservés dans les coffres des banques ou des cachettes que le peuple considère à l'abri des voleurs, comme le bas de laine ou le tas de fumier. Le fait ne peut toutefois pas être nié que la monnaie émise en titre, d'un montant, soit dit en passant, de 40 milliards, n'est pas déjà en circulation, mais thésaurisée pour la plus grande partie sous les formes décrites plus haut. Nos besoins en moyens de paiement étaient naguère dans des temps de conjoncture très favorable avant la guerre, de seulement 4 à 6 milliards, et maintenant que nous aurions besoin du double de cette somme, il ne peut en être question à cause des opérations financières, qui se font de moins en moins en liquide.

Tout à fait dans le même esprit, il faut procéder à l'annulation des intérêts pour toutes les valeurs à intérêt fixe. Pour ces valeurs, ainsi que pour les valeurs à dividende, il est néanmoins plus recommandable d'appliquer le remboursement proposé à l'origine pour toutes les valeurs sur 20 ou 25 annuités, et aussi surtout pour les hypothèques. Briser les chaînes de l'usure des hypothèques signifie sans aucun doute la résolution du problème de logement, la fin des loyers inaccessibles. On peut tout aussi peu admettre la raison pour laquelle le titulaire d'une hypothèque, qui provient d'une somme prêtée une fois, doit jouir éternellement des intérêts de celle-ci, la raison pour laquelle une affluence de gains faciles et interminables doit lui être accordé, la raison pour laquelle la grande majorité d'un peuple, toujours au nom de ce principe d'intérêt malsain, doit payer des loyers importants. Ajoutons seulement qu'il ne peut être question ici d'une suppression complète des loyers, puisque l'entretien et la gestion des immeubles requièrent de l'argent et du travail. Une baisse des loyers ne pourra se produire que dans la mesure où l'on procédera au remboursement des hypothèques. Il n'y a que sur une chose que nous devons insister avec la plus grande acuité : briser les chaînes de l'usure n'a rien à faire du tout avec tout notre travail créateur et productif de qualité, dans la mesure où cela ne constitue aucunement une entrave à l'esprit d'entreprise, au travail productif, à la production de biens, à l'acquisition de richesses. Fort au contraire, comme nous l'avons vu, cela constitue pour toute la population active et laborieuse la libération d'un joug lourd, inexplicable et étouffant ; notre vie spirituelle sera purifiée d'un poison très capiteux.

La lutte contre l'intérêt n'est pas nouvelle dans l'histoire des peuples

Comme il est juste que l'on ait reconnu la fécondité du problème de l'intérêt dans le cours de l'histoire, nous reconnaissons qu'en tout temps et chez tous les peuples, ce problème a occupé les esprits.

Dans l'Ancien Testament nous trouvons à divers endroits, ainsi Mo. 25.5, Mo 15, des dispositions sur des réductions d'intérêt, au terme desquelles on devait célébrer tous les sept ans une année jubilaire, dans laquelle toutes les dettes des citoyens devaient être réduites ou apurées.

Solon, en 594 av. J.-C., a aboli par la loi la servitude personnelle pour dettes. On a appelé cette loi la grande sisachthie (littéralement : qui débarrasse du fardeau, qui secoue le joug du fardeau).[30]

Dans l'ancienne Rome, la *lex Gemicia*, en l'an 332 av. J.-C., interdisait sans autre forme de procès aux citoyens romains d'exiger des intérêts.

Sous le règne de l'empereur Justinien, on promulgua une interdiction des intérêts composés avec une disposition qui prévoyait que l'on n'avait plus aucun droit d'exiger des intérêts lorsque les intérêts en souffrance s'étaient accumulés jusqu'à égaler le montant du capital prêté à l'origine.

Le pape Léon Ier le Grand promulgua en 443 une proscription générale du prêt à intérêts ; il était jusqu'à présent uniquement défendu aux clercs d'exiger des intérêts d'un prêt. Dès lors, l'interdiction de l'intérêt devint partie du droit canonique et prescription obligatoire aux laïcs. Peu à peu, la législation temporelle s'est aussi alignée sur les conceptions canoniques, et menaça même le prêt à intérêt de châtiment. Nous trouvons cela dans les ordonnances de la police du Saint Empire des années 1500, 1530 et 1577.

---

[30] Du grec ancien *seiô* qui veut dire agiter, secouer (cela a donné séisme, sismique en français savant) et de *achthos,* fardeau. Ce qui donne : « secouer le fardeau, le joug ».

Pourtant, de telles lois furent beaucoup combattues et diversement contournées. Il faut encore mentionner dans ce petit compendium historique, comme un fait historique étonnant que, pendant que le droit canonique, du XIe au XVIIe siècle, interdisait le prêt à intérêt aux chrétiens, il était autorisé aux juifs.

Il serait extrêmement intéressant d'analyser quels phénomènes aberrants ont mené chaque fois à ces « sisachthies », c'est-à-dire à des mesures de répression de l'usure. Il serait particulièrement précieux d'entrevoir quels pouvoirs et quelles forces ont toujours à chaque fois enfreint les interdictions d'intérêt.

Au Moyen Age, on tranchait bien sûr la question très rapidement avec les usuriers, les paysans ou les citadins pressurés s'associaient et abattaient l'usurier. Aujourd'hui, nous sommes entrés dans un tout autre stade d'évolution du problème de l'intérêt. De tels pogroms sont aujourd'hui profondément réprouvés. Il ne s'agit aussi plus du tout de manifestations pathologiques isolées localement, qui peuvent être combattues en extirpant le foyer de suppuration, il s'agit l'une grave maladie pour toute l'humanité. On peut tout particulièrement insister sur le fait que précisément dans notre culture actuelle, l'internationalisation des relations économiques a rendu si criminel le principe d'intérêt. Les antécédents historiques qui ont été donnés ne doivent en aucun cas constituer une analogie avec les conditions actuelles. Quand les Babyloniens s'imposaient aux Assyriens, les Romains aux Carthaginois, quand les Germains vainquaient les Romains, il ne pouvait y avoir de continuité de l'usure ; il n'y avait pas de puissances mondiales internationales. Les guerres n'étaient pas financées par les emprunts, mais avec les richesses accumulées pendant la paix. David Hume nous donne un très bon résumé de tout cela dans son traité sur le « crédit d'État ». Il n'y a que dans l'époque moderne, avec la continuité juridique de la propriété et le droit international, que les capitaux boursiers augmentent à l'infini. Le sou qui au temps de la naissance du Christ, fut placé à intérêts, n'existe plus, parce qu'entre-temps tous les droits garantissant la propriété ont dû ployer sous la violence des vicissitudes de l'histoire ; en revanche, il existe encore, le pfennig que le vieux Rothschild a placé avec intérêt, et il existera pour toute l'éternité s'il y a un droit international. Il y a de plus matière à méditation, dans le fait que sur de vastes étendues de la terre, ce n'est seulement que dans les temps modernes que l'on est passé d'une économie naturelle à une économie financière. Il est tout particulièrement important dans ce contexte d'observer que c'est seulement au milieu du siècle dernier que toutes les restrictions relatives au prêt à intérêts, notamment la prohibition concernant l'intérêt, furent levées. Ainsi, en Angleterre en 1854, au Danemark en 1856, en Belgique en 1865, en Autriche en 1868.

Par conséquent, la notion d'intérêt considérée aujourd'hui comme consubstantielle à la possession de capitaux n'est pas plus vieille que le demi-siècle. Mais c'est précisément ce concept d'intérêt qui a d'abord fait de l'argent une puissance démoniaque de domination universelle, ainsi que nous le connaissons aujourd'hui. Ce n'est que du milieu du siècle dernier que date aussi le début de l'endettement de plus en plus important des États, à l'égard des capitalistes. Ce n'est que depuis cette époque que nous voyons l'État déchoir de sa vocation de mandataire de la communauté du peuple[31] pour embrasser celle de mandataire des intérêts capitalistes. Cette évolution a atteint son paroxysme dans les emprunts de guerre, que nous rencontrons dans tous les pays, lesquels servent exclusivement, comme nous l'avons reconnu, les intérêts du veau d'or, lequel entend maintenant ceindre la couronne de la souveraineté universelle en raison de la gigantesque emprise du crédit sur le monde.

Puissent ces courts rappels nous familiariser avec le fait que nous devons définitivement rompre avec l'idée que le capital financier

---

[31] *Volksgemeinschaft,* c'est encore un mot idiomatique beaucoup employé et chéri par les nationalistes allemands et partant difficilement traduisible, il faut traduire littéralement par « communauté du peuple »

détienne le pouvoir surnaturel de croître éternellement et inexorablement de manière inconditionnée, par lui-même. Ce capital financier est pourvu d'une force d'exploitation effroyable. Nous devons aussi en finir avec l'idée que le capital financier doit pouvoir siéger dans les nuages, hors d'atteinte de l'histoire du monde et de la fuite du temps, inaccessible au caractère éphémère et fugitif des choses terrestres, inaccessible à la violence du chaos, hors d'atteinte des tirs de nos canons géants. Car les usines et les maisons, les chemins de fer et les ponts peuvent bien être réduits en poussières et en cendres, les hypothèques demeurent et persistent et les obligations publiques et les titres de dettes de la société des chemins de fer ne s'éteignent pas pour autant. Des villages, des villes, des provinces entières peuvent être victimes de destructions insensées, qu'importe, cela signifie des nouvelles obligations. L'Internationale de l'or trônant au-dessus des limbes célestes, assiste avec des yeux étincelants de cupidité et d'avidité aux agitations démentes de l'humanité. Et le temps approche où l'humanité tout entière servira enfin complètement le veau d'or, comme une esclave de l'intérêt.

L'idée est internationale, elle doit libérer le monde. Gloire à la nation qui osera le premier pas hardi. Bientôt suivront toutes les autres. La question que l'on m'a souvent posée fut de savoir si cette idée est seulement applicable au niveau de la nation, je répondis que oui. Nous sommes endettés dans le sein même de notre pays. Contre les exigences étrangères de l'intérêt, nous sommes, par conséquent, à l'heure actuelle, impuissants ; ces intérêts doivent être tout simplement payés.

Nous devons dans la mesure du possible empêcher la fuite démesurée des capitaux. Mais pas plus que le législateur ne se laisse dissuader de légiférer contre le meurtre, l'homicide, l'escroquerie parce qu'il y aura toujours, comme on dit, des scélérats, pas plus un peuple dans sa totalité n'a le droit de se laisser dissuader de faire un pas nécessaire et reconnu dans la voie de l'assainissement de ses finances, pour la seule raison que ce n'est pas la meilleure partie de ce peuple qui essaie de mettre en sûreté son argent volé, à l'étranger. Supposons le cas où des centaines, voire des milliers de millions de titres d'emprunt de guerre soient transférés à l'étranger, et bien cela ne pourrait pas être encore un élément décisif pour mettre un terme à notre processus d'émancipation des chaînes de l'usure, car d'après l'ordre de grandeur, la plus grande partie de toutes les valeurs de placement nationales à intérêt fixe totalisant une somme supérieure à 250 milliards devrait demeurer logiquement dans le marché intérieur.

Nous voulons encore une fois brièvement récapituler. Briser les chaînes de l'usure est le moyen radical pour l'assainissement définitif et durable de nos finances. Briser les chaînes de l'usure signifie la possibilité de la renonciation à des impôts directs et indirects écrasants, parce que les entreprises publiques jusqu'à maintenant, ont, déjà et seulement après avoir mis en œuvre la socialisation de certaines branches de l'économie qui s'y prêtaient (navigation fluviale, distribution électrique, trafic aérien), versé assez d'excédents dans les caisses de l'État pour couvrir toutes les dépenses relatives aux missions sociales et culturelles de celui-ci. Au-delà de ce point de vue financier, briser les chaînes de l'usure accordera au travail créateur dans toutes les branches professionnelles la première place, qui lui est due. Nous redonnerons de nouveau à l'argent le seul rôle qui peut lui échoir : être un serviteur dans l'énorme et intense fonctionnement de notre économie. Il deviendra de nouveau ce qu'il est, un indice du travail qui a été accompli et fourni, et ainsi nous pourrons nourrir plus facilement un plus grand dessein : l'aversion pour la cupidité frénétique de notre époque.

Notre idée se propose d'établir un front uni de toute la population active et laborieuse, du travailleur démuni, qui, comme nous l'avons vu, est fortement mis à contribution par le truchement de l'impôt indirect pour la satisfaction du capital financier, à la totalité de la classe bourgeoise des fonctionnaires et des employés, de la classe paysanne et des classes moyennes entrepreneuses, qui sous la forme de la pénurie de logement, de rentes foncières, d'intérêts bancaires, etc., commencent à faire l'expérience, eux aussi, des effets impitoyables du despotisme de l'argent. Ce front uni va jusqu'aux élites, les inventeurs et les dirigeants de nos grandes industries, qui tous sans exception se meuvent peu ou prou dans les griffes du grand capital financier et pour lesquels toute la noblesse de l'existence s'appellera toujours : œuvrer assidûment à la réalisation de rentes, d'intérêts et de dividendes pour les puissances financières agissant en coulisses.

Tous les cercles d'intellectuels, d'artistes, d'écrivains, de comédiens, de scientifiques, ainsi que les autres membres des professions libérales n'en font pas moins aussi partie.

Le grand capital financier peut bien consciemment ou instinctivement, comme groupe naturel de personnes ou comme personnification du principe de l'intérêt, chercher à dissimuler la réalité de son avidité frénétique de domination ; notre jurisprudence, procédant du droit romain, et partant de la protection de la droite au service de la ploutocratie, peut bien avoir mis au premier plan la garantie de la propriété (cette jurisprudence peut ainsi avoir pénétré dans la conscience juridique de notre peuple), il n'en demeure pas moins que nous devons briser les chaînes de l'usure, c'est la seule issue pour échapper à l'asservissement économique menaçant le monde entier par l'internationale de l'or, ainsi qu'un des moyens pour bannir le poison du veau d'or qui avilit et contamine la mentalité de notre époque.

3.

La conversion des emprunts de guerre en avoirs bancaires

L a déclaration concernant les titres d'emprunts de guerre convertis en moyens de paiement, formulée à l'article §1, a suscité, à plusieurs reprises, une objection prévoyant une inondation démesurée du marché par ce moyen de paiement. Cette objection est à la vérité spécieuse. Il y a de l'inflation grâce à la simple existence des emprunts de guerre. Mais il est juste que l'idée de l'existence incarnée de ces valeurs déclarées moyens de paiement, malgré leur fausse valeur, inquiètent et c'est pourquoi, malgré l'irréalité de ces valeurs, cette idée pourrait provoquer des épiphénomènes très défavorables, comme si une nouvelle inflation avait eu réellement lieu. C'est pourquoi nous réclamons, sous le chef de la modification du §1, la conversion des titres d'emprunts de guerre ainsi que les autres obligations d'État en avoirs bancaires sous le régime de l'abrogation légale de l'obligation intérêts.

Cette formulation offre le grand avantage de faire disparaître la ressemblance des emprunts de guerre à des titres, il faudrait que les banques, les banquiers et les caisses d'épargne déposent leurs titres d'emprunts de guerre à la banque du Reich,[32] lesquels seraient détruits après que leur contre-valeur eut été créditée. Ainsi, presque chaque homme en Allemagne recevrait un avoir et un compte en banque courant à sa disposition.

Un tel procédé aurait en sus le grand avantage de rendre impossible la rétention à titre privé de plus grandes quantités de titres, puisque les titres non déposés seraient déclarés non valables après expiration d'un certain délai. De surcroît, un contrôle serait tout de même possible pour savoir combien de titres d'emprunts de guerre ont été transférés à l'étranger.

Mais ce dernier point ne peut en aucune manière empêcher notre ferme dessein de briser les chaînes de l'usure. Si réellement nous nous sentons trop faibles vis-à-vis de l'étranger, nous devrons quand même satisfaire les créances d'intérêt venant de ce dernier. Mais je sacrifie tout à fait à l'avis que nous devons maintenir à l'endroit des possesseurs étrangers d'emprunts notre déclaration prévoyant le non-remboursement des intérêts.

---

[32] L'équivalent de notre banque de France et des banques centrales de tous les pays souverains en matière monétaire.

Par un procédé qui évoque vaguement l'acte de rappeler à la conscience un être en train de se réveiller, on évoque une action imposant par les armes le règlement des intérêts que nous devons à l'étranger. Mais il serait vain ici de nous attendre à quelque chose de concret, car dans les faits, on n'a jamais entrepris dans l'histoire une agression militaire contre un grand État à cause de mesures financières prises en faveur de personnes privées. Nous ne pourrions en aucun cas imaginer que même le peuple français pose un ultimatum à l'Allemagne, pour garantir les créances d'intérêt des sieurs Mayer, Schulze et Cohn d'Allemagne, pour leurs emprunts de guerre allemands, expédiés de l'autre côté de la frontière, en France.

Il serait de surcroît possible d'organiser un tirage au sort des emprunts de guerre, en vue de leur remboursement, pour éviter, par rapport à l'extérieur, le simulacre d'une banqueroute de l'État allemand. Ce tirage au sort pourrait être facilement organisé en raison des statistiques des lots gagnants, permises par le dépôt obligatoire des emprunts de guerre, et les numéros qu'il faudrait précisément accepter à l'étranger seraient d'abord tirés au sort et payés en billets de banques du Reich. Et troisièmement, nous devrions saluer la publication de la répartition des emprunts de guerre, grâce à laquelle possibilité nous est donnée de recouvrer exceptionnellement et simplement l'impôt sur la fortune, attendu que les trésoreries auraient juste à ordonner aux succursales des banques du Reich d'imposer le compte de monsieur X de tel et tel montant. De cette manière, le paiement d'impôts serait beaucoup moins douloureux, même si, bien entendu le droit de recours des contribuables resterait totalement en vigueur.

Avec une telle conversion des emprunts de guerre en avoirs bancaires, un certain compromis social pourrait être aussi trouvé, dans la mesure où les plus petites créances d'emprunts de guerre, les petites souscriptions de tous ceux à qui la souscription d'un emprunt de guerre peut être réellement imputée à un acte patriotique, disons donc jusqu'à 5 ou 10 000 marks, seraient créditées au pair, alors que les souscriptions plus importantes pourraient être créditées au cours du jour. Il faudrait utiliser également ces susdites opérations de crédit de compte pour les autres titres émis par l'État.

4.

Explications particulières relatives à notre projet de loi dans le Manifeste

Au sujet du §1) Il est indispensable que la totalité des obligations émises par l'État et les communes soit traitée de la même manière, puisque seule une telle réglementation unitaire et cohérente de l'ensemble de notre système monétaire pourra être réalisée de concert avec la rupture des chaînes de l'usure.

Au sujet du §2) Qu'il faut procéder à la rupture des chaînes de l'usure en même temps que celle qui concerne toutes les autres valeurs à intérêt fixe, cela est évident pour la raison simple qu'il ne faudrait pas provoquer une hausse exponentielle et absurde de ces valeurs ; cela arriverait naturellement si seules les valeurs émises par l'État étaient déclarés exemptes d'intérêts. Le paiement de la dette en tant que telle serait à effectuer annuellement par un remboursement au moyen duquel on entraînera une rémission constante et équitable des dettes de tous les objets obérés par ces dernières.

Au sujet du §3) Cet article est en rapport étroit avec les paragraphes précédents ainsi qu'avec la nationalisation du crédit réel que nous proposons dans le §5. Le paysan ou le propriétaire de biens immobiliers grevés d'hypothèques continue comme avant à verser le montant qu'il devait jusqu'à présent régler à son créancier, mais à la différence que ce n'est plus un intérêt perpétuel, mais un remboursement. Après 20, 25 ou 30 années, selon la valeur du montant du taux d'intérêt qu'il y a eu jusqu'à maintenant, plus aucune dette ne pèsera sur la propriété mobilière et immobilière. De son côté, le crédit foncier, la banque hypothécaire pourront aussi naturellement, et seulement pendant ce temps, continuer à payer les intérêts des obligations foncières correspondantes, aux propriétaires d'obligations foncières. Cette extinction des dettes arrivera en même temps : le droit à la propriété de la communauté prévaut sur la propriété immobilière libérée des hypothèques.

Il faudra d'abord considérer le cadastre des logements, ou plutôt le cadastre des propriétés immobilières, car la propriété immobilière franche d'hypothèques a naturellement droit au remboursement de son capital investi, ainsi qu'au versement permanent d'une partie du loyer qui sert à couvrir toutes les dépenses, tous les frais liés à la propriété immobilière, etc., ainsi que les indemnités correspondant au travail de ceux qui entretiennent ces propriétés et en sont les gestionnaires.

Nous voulons illustrer et expliquer cela dans les grandes lignes en prenant l'exemple d'une maison urbaine de rapport. La maison possède une valeur de 100 000 marks. Sur cette dernière, portent en premier lieu une créance de 50 000 marks à 4% d'une banque hypothécaire, en second lieu une créance de 20 000 marks à 5% d'une personne privée, et la somme apportée par le propriétaire de la maison en personne se monte à 30 000 marks. Les recettes du loyer se montent à 7000 marks. De cette somme il faut déduire 2000 marks pour la 1ère hypothèque, 1000 marks pour la seconde, 1000 marks pour les frais, les impôts, etc., ce qui fait au total 4000 marks. Il reste donc au propriétaire de la maison 3000 marks qui représentent les intérêts du capital versé de 30 000 marks, qu'il a lui-même engagés.

Après l'application de notre mesure enjoignant légalement de rendre l'argent exempt d'intérêts, voici la situation 10 ans après : 1. Hypothèque 30 000 marks ; 2. hypothèque 20 000 marks. La créance en capital du propriétaire de la maison est intégralement remboursée. En revanche, un nouveau droit à la propriété publique d'un montant de 50 000 marks est rentré en vigueur. Alors commence pour l'État le droit de cogestion pour les prochaines recettes de loyer, ainsi que pour la fixation des loyers. Il serait injuste de mettre sur le même niveau, compte tenu du remboursement, le propriétaire et les hypothèques. Car son capital n'est pas au sens étroit le pur capital financier qui tombera sous le coup de la rupture des chaînes de l'usure, il s'agit d'un « capital risqué », c'est-à-dire de l'argent mué en un bien précieux, à savoir une maison. Ainsi, quant au propriétaire, il faut soit lui accorder une plus grande période pendant laquelle il pourra jouir de sa rente, soit lui accorder de manière permanente un pourcentage correspondant aux frais de gestion de sa maison.

Ce n'est pas ici notre propos de trousser n'importe quelles propositions qui pourraient nous engager, il s'agit seulement d'ébauches ; des suggestions comme celle de la transition raisonnable et sans incidents d'une économie avec intérêts à une économie sans intérêts, qui pourrait se réaliser dans le domaine de la propriété réelle.

Pour achever d'illustrer néanmoins notre exemple, prenons la situation après 25 années : toutes les hypothèques ont été alors remboursées, il n'y a que les dépenses permanentes qui n'ont pas changé et qui sont les mêmes ou ont été augmentées, de 1000 marks à 1500 marks, par exemple, à cause de la vétusté grandissante de la maison. Appliquons ensuite le tarif de cette somme au propriétaire de la maison d'un montant qui aille environ de 1000 à 1500 marks, il en résulte donc une situation où environ les 3000 marks des loyers sont en réalité des charges permanentes, alors que les 4000 marks excédentaires sur les 7000 marks de recette initiale du loyer seraient disponibles. L'État a donc toute discrétion pour baisser les loyers de plus de la moitié ; il le fera par exemple pour les maisons ouvrières ou bien il pourra les baisser seulement de 20, 30 ou 40%, et il gagne avec le reliquat une source de revenus énorme pour d'autres postes de dépenses publiques importantes, au premier chef, les nouvelles constructions de logement que la puissance publique doit mettre en œuvre.

Pour ce qui concerne les maisons de maître, l'on ne réduira pas ou peu les loyers, ce qui nous permettra de dégager des moyens très importants pour construire des meilleurs logements ou pour des œuvres sociales particulières. Mais cette réalité qui augure l'avenir (et je considère cela comme une perspective très fructueuse) inaugure pour la communauté (État) le droit intime et tacite d'intervenir dans la fixation des loyers avec le procédé que j'ai ébauché plus haut, qui vise à la baisse des loyers pour les logements ouvriers. C'est dans le droit de participation croissant de l'État à la propriété immobilière que gît l'établissement légitime d'une banque d'émission consolidée, de l'émission de crédits contre les créanciers d'hypothèques.

Au sujet du §4 et §5) Ces articles réclament la socialisation de l'ensemble du système monétaire. L'argent est seulement et exclusivement une indication émise par une collectivité sur la quantité de travail qui a été accomplie et fournie. L'émission de signes monétaires est l'une des prérogatives souveraines et fondamentales de l'État. La falsification de signes monétaires émis par l'État est passible de lourdes peines, c'est donc pour ainsi dire un devoir social impératif de soumettre le système financier au contrôle de la collectivité. La quantité de travail produite par la collectivité est l'unique étai, l'unique support du signe monétaire, et l'ignorance de ce principe fondamental a conduit au délabrement de nos finances publiques, et en dernier lieu à l'anarchie complète de notre système monétaire.

Avec la cession du crédit commercial et du crédit individuel aux banquiers privés, une profonde rupture a été consommée dans notre système de crédit. Pour le système public de crédit, ainsi que pour les crédits aux collectivités et le crédit foncier, il faut le plus énergiquement et avec la plus grande vigueur s'entêter dans notre dessein de briser les chaînes de l'usure, parce qu'elle est la condition indispensable d'un État social en général.

Il en est autrement avec le crédit aux personnes. En soi et pour soi,[33] en théorie, nous

---

[33] Nous reproduisons l'expression telle quelle parce que Feder, lecteur d'Hegel et vraisemblablement de toute la philosophie allemande idéaliste, utilise ici le *an sich und für sich* (en soi et pour soi) typiquement hégélien.

exigeons pour le crédit aux personnes l'exemption d'intérêts, néanmoins cette exigence de principe effrayante n'est plus valable pour le crédit aux personnes. Il nous souvient des 250 milliards de capital financier à intérêt fixe contre seulement 12 milliards de valeurs en dividende. Tous les crédits de cette nature (à intérêt non fixe), actions, titres de participation, participation, constituent du « capital risqué ».

Le rendement de ces capitaux dépend du talent et de la capacité des personnes à qui l'argent a été confié. Il faut ici prendre en considération le facteur risque, le risque de perte ainsi que celui de la confiance personnelle. C'est pourquoi, il apparaît qu'une indemnisation d'un caractère particulier est indispensable, comme auparavant. Le titulaire d'actions ne reçoit des indemnités et des gains d'aucune sorte quand l'entreprise, à qui il a confié son argent, ne gagne rien. Il perd tout son capital quand l'entreprise fait faillite. La situation est autre chez le détenteur d'obligations des chemins de fer du Reich.[34] Les chemins de fer allemands ont complètement périclité avec la perte de l'Alsace-Lorraine. Néanmoins, le titulaire d'emprunts des chemins de fer du Reich continue à percevoir ses intérêts. De qui ? Des

---

[34] L'équivalent de notre SNCF actuelle.

impôts de la collectivité. Les chemins de fer peuvent bien fonctionner avec un si gros bilan déficitaire ; comme en Prusse et en Bavière l'année dernière, les porteurs d'emprunts perçoivent toutefois leurs intérêts. De qui ? Du tribut de la force de travail et de la consommation de la population laborieuse.

Que l'on prenne conscience, comme il sied, de cette différence fondamentale, pour enfin identifier le lieu où le vampire absorbe la force de travail du peuple ! Partant, le crédit aux personnes doit continuer à être confié aux banques et à être traité personnellement par elles ou, plutôt, le traitement du crédit doit être de nouveau attribué aux banques.

La capacité, la valeur personnelle de celui qui demande un crédit et que le banquier connaît bien personnellement doivent devenir de nouveau déterminantes pour l'attribution du crédit aux personnes. Les frais fixés par l'État se régulent d'eux-mêmes, d'après la disponibilité de l'argent qui commence de toute manière à apparaître grâce à la rupture avec les chaînes de l'usure.

Au sujet du §6 Ce qui a été dit en principe au §5 vaut aussi pour les valeurs de dividende. Dans l'intérêt de la communauté sociale de l'État, il faut cependant exiger qu'un remboursement du capital qui a été emprunté soit aussi envisagé pour les entreprises industrielles, pour provoquer, là aussi, une diminution de l'endettement des différents établissements industriels à l'égard de ceux qui sont uniquement leurs créanciers. Car en fait, se répète ici, dans des proportions modestes, ce que nous avons pu observer avec le grand capital financier à l'encontre de peuples entiers. Là aussi, le capitaliste exploite l'ouvrier, le contremaître, l'ingénieur, l'entrepreneur dans les mêmes proportions, car apparaît au premier chef la nécessité de devoir gagner des dividendes. Mais venons-en à la situation des entreprises industrielles et artisanales libérées du parasite éternel de l'intérêt ; alors, la voie est ouverte pour une réduction des prix, des produits, l'apport, et la répartition de la valeur ajoutée, en partie à la communauté, en partie aux ouvriers et au corps des fonctionnaires et au directoire des différentes entreprises, donc à ceux qui créent véritablement de la valeur et des biens.

Au sujet du §7 Dans cet article, tout le domaine des assurances est naturellement concerné, il se construit également sur des fondements qui prohibent l'intérêt. Les primes versées ne peuvent pas croître avec un ajout d'intérêts, mais les sociétés d'assurance se transforment en caisses d'épargne, ce qui signifie que le risque et les avantages de l'assurance sont conservés sous la responsabilité et le contrôle de l'État.

Au sujet du §8 Concernant la dévaluation de notre monnaie, qui n'est apparue qu'en vertu de l'énorme masse de nos innombrables obligations, nous exigeons un impôt sur la fortune fortement échelonné. Nous insistons pour cela sur l'expression « fortement échelonné ».

Car un impôt sur la fortune, un estampillage des billets, etc., n'est maintenant rien d'autre qu'une illusion faite à soi-même, où l'on jette de la poudre aux yeux de la population. Car, quand je recouvre partout la moitié des fortunes que je fais payer en titres, et que je mets au pilon ces derniers, il s'ensuit que l'effet atteint est uniquement la rareté de plus en plus grande du papier, qui reçoit dès lors, en fonction d'un coefficient de conversion, une valeur fictive accrue dans la même proportion. Il n'y a que les biens de consommation et les biens de consommation courants qui ont toujours de la valeur réelle, jamais les indications fictives du travail accompli et produit.[35] Une autre question qui se pose est celle de savoir si la valeur du mark va être appréciée. Mais cette appréciation de la valeur du mark ne dépendra de nouveau, là aussi et en dernier lieu, que de notre force de travail et de production, c'est-à-dire des capacités de production de toute notre économie.

---

[35] Feder emploie ici une périphrase pour désigner la monnaie, il a déjà utilisé cette périphrase à plusieurs reprises dans le texte, cette périphrase est formulaire chez Feder pour désigner la monnaie.

5.

Les objections et leur réfutation

Jamais une idée n'a pu s'imposer sans opposition, encore moins une idée qui rompt si radicalement avec les visions traditionnelles sur la sainteté et de l'infaillibilité de l'intérêt. Lorsque l'on soulève des objections que l'on est en droit attendre, il y a toujours un double constat à dresser : il faut premièrement analyser quelle est l'altération intentionnelle de l'idée de la rupture des chaînes de l'usure dans les objections que l'on nous soumet ; deuxièmement, que faut-il répondre aux réserves honnêtes et objectives que l'on nous oppose ?

L'objection la plus fréquente est l'affirmation selon laquelle personne ne prêtera son argent sans savoir qu'il jouira des intérêts de ce dernier.

Nous ne voulons plus et aucun cas que l'on prête de l'argent, car le crédit fut la ruse, le stratagème, le piège dans lequel notre économie s'est fourvoyée et dans lequel elle gît maintenant sans issue. Si le peuple a besoin réellement et rapidement de capitaux importants, il n'a qu'à aller quérir les fonds nécessaires auprès du Trésor public et seulement contre remboursement ; éventuellement, il dépensera cet argent avec des billets des banques - pourquoi doit-il dépenser des billets soumis à intérêts ? - que ces derniers soient des valeurs porteuses d'intérêts ou non, c'est indifférent ! Il y a derrière l'argent, uniquement et seulement, la force de travail et le produit des impôts du peuple. Pourquoi grever incontinent toute dépense publique avec le poids de plomb de l'intérêt perpétuel ?

Oui, mais comment l'État doit-il accomplir son œuvre d'éducation et de civilisation[36] vis-à-vis de la

---

[36] C'est la traduction de *Kulturarbeit,* un mot composé typiquement allemand, difficilement traduisible et renvoyant à une tradition philosophique allemande très enracinée et importée un peu plus tard en France avec Victor Cousin en 1850 : l'idéalisme allemand (Fichte, Hegel, Schelling).

Feder est un idéaliste allemand, il emploie beaucoup d'expressions qui ressortent à cette tradition.

Cette notion de *Kulturarbeit* renvoie vraisemblablement à la philosophie de Fichte, qui voyait dans l'Allemand le seul être perfectible, capable d'éducation et de culture sur la terre. Il n'est pas inutile d'expliquer ses raisons, elles permettent de mieux comprendre la notion.

Fichte disait que le Français, et le Néo-Latin en général, était incapable de culture à cause de sa langue transformée, il avait perdu tout contact avec la langue primitive ; le français, à l'instar de l'espagnol, du roumain de l'italien, de l'occitan, du rhéto-roman, du portugais n'est que du latin vulgaire transformé phonétiquement avec quelques emprunts savants au latin et au grec et quelques mots de bas francique transformés phonétiquement (c'est ce qui différencie le français des autres langues romanes, le superstrat germanique grâce aux invasions franques a été bien plus important qu'on a voulu le croire). La langue allemande, en revanche, est fondamentalement la même depuis 2000 ans, l'Allemand « sent » donc les mots qu'il emploie *collectivité ? Il doit avoir de l'argent et ne peut s'acquitter de ce devoir que par le truchement de l'emprunt contre rémunération d'intérêts.*

Cette affirmation repose sur un raisonnement participant exclusivement de l'idéologie du veau d'or. Elle est fondée à dessein, après lecture approfondie du manifeste, sur une méprise, car

---

alors que le Français et le Néo-Latin, non, à moins qu'il soit un latiniste accompli.

Il suffit en allemand d'apprendre 1500 radicaux, et c'est pareil en sanskrit, en grec et en latin, pour connaître toute la langue. La langue allemande résulte d'une combinaison entre tous ces radicaux, ainsi que de préverbes, suffixes, préfixes: bringen, abbringen, verbringen, ausbringen, aufbringen, etc., comme en latin : effero, affero, aufero, infero,confero, etc.

En français, qui peut dire aujourd'hui le rapport entre devoir, dette, débiteur, débit? Il faut se reporter au latin pour comprendre les rapports que soutiennent entre eux les mots français, et faire la distinction entre formations vulgaires et savantes. L'Allemand comprend lui incontinent tous les mots qu'il emploie, et c'est pour cela qu'il était aux yeux de Fichte capable de culture plus facilement.

La thèse de Fichte est éloquente. Il faut sentir les mots pour exprimer sa pensée. Pour l'Allemand, cela est naturel, pour le Français et le Néo-Latin, non. Si on faisait faire des vers latins au enfants dans les écoles jusque dans les années 20 en France, ce n'est pas pour rien.

Cette notion de *Kulturarbeit* renvoie donc bien à la mission d'éducation et de civilisation dont certains Allemands se sentait investis naguère. Le mot a dû se lexicaliser dans le courant du XIX\e siècle pendant la grande période de l'idéalisme allemand. Le national-socialisme et les droites révolutionnaires allemandes de l'entre-deux-guerres relèvent philosophiquement de l'idéalisme, à l'instar du platonisme, du christianisme des Pères de l'Église et du néoplatonisme.

nous avons démontré premièrement que toutes les missions culturelles et sociales de l'État peuvent être couvertes tout simplement par les entreprises publiques, les profits de la Poste, des chemins de fer, des mines, des Eaux et Forêts, etc., après avoir brisé les chaînes de l'usure. Deuxièmement, l'État populaire et souverain doit à tout moment et de son propre chef assurer son œuvre de civilisation particulière par l'émission de bons sans intérêts à la place des titres à intérêts, règle en vigueur dans l'État du veau d'or. En aucun cas, nous ne pouvons admettre la raison selon laquelle l'État doit augmenter ses coûts de fonctionnement tout à fait inutilement pour assurer son œuvre de civilisation comme les travaux dans les chemins de fer, les canaux et les ouvrages hydroélectriques, contre une promesse de versement éternel d'intérêts. S'il ne peut pas assurer les coûts des travaux avec les moyens courants de ses entreprises publiques, alors il n'y a aucune raison pour que l'État ne puisse pas fabriquer d'argent, il n'y a que le peuple souverain qui puisse être responsable en reconnaissant cet argent comme un moyen de paiement. Mais pourquoi le peuple, avec toute sa force de travail et tous les produits de ses impôts doit-il supporter un tout petit titre de valeur (l'emprunt à intérêt), lequel inflige au peuple dans sa totalité une obligation éternelle d'intérêt en faveur des capitalistes ? Ainsi, à bas cette idée auquel l'État du veau d'or nous oblige à sacrifier !

Ce sont donc les capitalistes qui attirent à eux les valeurs émises en billet et qui accumulent le papier-monnaie.

À cela s'opposent deux arguments de deux sortes. Premièrement, eu égard à notre considération selon laquelle la possession pure d'argent doit être improductive, notre revendication serait satisfaite d'elle-même puisque les capitalistes ont procédé de leur propre chef à la rupture des chaînes de l'usure ; car quand un capitaliste amasse chez lui ses billets, il renonce de lui-même aux intérêts. Deuxièmement, s'oppose à cela la crainte du capitaliste pour son argent, il faut juste s'imaginer les nuits blanches de l'accapareur de papier-monnaie qui conserve à la maison des grosses sommes d'argent et voit continuellement ses biens menacés par les voleurs, les brigands, les cambrioleurs, les perquisitions à domicile, les incendies et les dégâts des eaux. Je suis convaincu que le petit-bourgeois ne serait pas longtemps à la hauteur de telles émotions et retrouverait bientôt le chemin de la banque centrale. Celle-ci remplit un service, elle délivre des billets et se porte seulement garante de leur montant, mais non des intérêts de n'importe quel individu. Du reste, il existe toujours pour chacun une troisième possibilité ouverte, notamment celle de travailler avec son argent, créer de la valeur et produire des biens, prendre des participations dans les entreprises, organiser sa vie d'une manière toujours plus riche et belle, soutenir les arts et les sciences, en un mot employer son argent utilement sous les auspices de l'exécration du culte du veau d'or.

Mais il se peut néanmoins qu'un besoin de capital privé survienne rapidement pour quelques projets, par exemple pour tester des inventions, pour des créations d'entreprises par des jeunes, des artisans capables et talentueux, des hommes d'affaire, etc.

Tout d'abord, cela n'a absolument rien à voir avec la rupture des chaînes de l'usure ! Car avant tout, l'on doit logiquement supposer que le capitaliste n'aura plus aucun motif de placer son argent en lieu absolument sûr et de spéculer sur une jouissance sybaritique de sa fortune, après que nous aurons brisé les chaînes de l'usure. Il inclinera bien plus qu'avant à hasarder son argent pour les susdits projets ; ainsi, un manque ou un besoin d'argent pour ces derniers surviendra bien moins souvent que jusqu'à maintenant. N'a-t-on pas en revanche précisément toujours entendu la même plainte chez les hommes d'affaires de valeur et les inventeurs les plus doués, à savoir à quel point il est difficile dans un État mammonique de recevoir de l'argent pour ces projets, quand une « rente » ne pouvait pas être garantie ? En second lieu, ce doit être la vocation du futur État de promouvoir tous les talents sérieux avec un soutien très généreux. Il y a eu jusqu'aujourd'hui dans l'ancien État bureaucratique[37] des linéaments de ce qui vient d'être dit, mais ces ébauches furent si étroites et mesquines que les impétrants éprouvèrent le plus souvent des obstacles et de l'amertume au lieu de voir leur projet promu comme il seyait, tout cela à cause des tracasseries administratives liées à l'attribution du soutien de l'État. Troisièmement, remarquons qu'avec la mise à disposition de plusieurs millions, nous allons pouvoir atteindre à de très grandes choses. L'ardeur au travail, l'assiduité, l'application, le sérieux de l'inventeur, de l'ingénieur, de l'artisan allemand sont si grands qu'il est très vraisemblable que la somme des dépenses effectuées sera très bien amortie grâce au droit de participation de l'État aux résultats des inventions heureuses. (Angleterre comme exemple).

---

[37] Périphrase désignant vraisemblablement l'ancien État allemand démembré au traité de Versailles en 1919 : l'Empire allemand de 1871 (das Kaiserreich) dont la plupart des fonctionnaires, souvent des Prussiens, se signalaient par une très grande exactitude dans leur travail, une bonne culture générale (beaucoup avaient fait leurs humanités dans les grands lycées humanistes allemands, *humanistisches Gymnasium,* la plupart lisaient le grec ancien et le latin dans le texte et parlaient assez bien français, comme on l'a observé pendant la guerre de 1870 avec les officiers prussiens), et une grande fidélité à l'empereur allemand qui était aussi roi de Prusse. Cependant, les nationalistes allemands révolutionnaires méprisaient l'ancien Empire allemand, qu'ils considéraient comme petit-bourgeois.

La rupture avec les chaînes de l'usure conduit nécessairement à la dilapidation des fortunes.

Oh ! Qui affirme cela ? Et puis, admettons ! Celui qui a conformé sa vie sur la dissipation des intérêts de son capital, et qui ne peut pas se décider à travailler, chez lui en effet cette affirmation est juste. Il consumera complètement sa fortune en 20 ans avec les 5% annuel qu'il prélèvera sur celle-ci et dont il vivra. Oui, ceci est dans l'ordre. Nous voulons justement la rupture des chaînes de l'usure, nous voulons que l'état de rentier cesse d'être l'idéal suprême de vie pour tout citoyen. Nous voulons en finir avec cet abâtardissement dû au veau d'or, nous ne voulons plus souffrir que les uns puissent vivre confortablement et durablement sur le dos des autres uniquement avec leurs intérêts.

Je reviens sur ce point : il n'est pas vrai du tout que la rupture avec la dictature de l'usure conduirait à la suppression et à la dilapidation des fortunes. Fort au contraire, la rupture des chaînes de l'usure promeut la constitution de fortunes sur la base du travail créateur et producteur de richesses réelles, dégrevé de charges et libéré des éternels versements d'intérêts.

La rupture des chaînes de l'usure conduit, comme nous l'avons vu, à une réduction radicale du coût de la vie, elle nous exonère d'une pression fiscale excessive, afin que tout travailleur ait à l'avenir une plus grande possibilité qu'aujourd'hui de faire des économies.

Encore une chose, d'un point de vue économique : le travail créateur de valeurs et richesses dans l'industrie, le commerce et l'artisanat, ne sera en aucun cas entravé par la rupture des chaînes de l'usure, mais il sera au contraire le plus possible favorisé.

Qu'est-ce que le travailleur y gagne si les capitalistes ne touchent plus d'intérêts ?

Cette question n'aurait en fait jamais dû se poser. Premièrement, ce fut toujours le mot d'ordre des luttes sociales des travailleurs, que les capitalistes exploitent les ouvriers, et deuxièmement nous avons vu clairement et précisément que c'est justement le travailleur qui est sollicité dans une importante mesure, sous la forme d'impôts indirects pour payer les intérêts du capital.

Les liens familiaux s'affaiblissent et se déchirent quand on ne peut pas laisser de fortune en héritage à ses enfants.

Oui, comment se pose ici le problème ? En règle générale, je pense que l'argent n'a rien à faire ou très peu avec le sens de la famille. A-t-on entendu que les enfants de parents fortunés chérissent plus leurs parents que ceux de parents pauvres, ou est-ce que les parents riches aiment plus leurs enfants que les parents moins riches ? Qu'est-ce qui est probablement plus important pour les enfants, que les parents leur prodiguent une bonne éducation et qu'ils leur apprennent ce qui est sérieux et non frivole, qu'ils les éduquent pour qu'ils deviennent des hommes assidus, sérieux, travailleurs, en bonne santé et vaillants, ou qu'ils leur laissent la bourse d'argent la plus grosse possible ? Nous reconnaîtrons indubitablement comme une aspiration légitime des parents d'assurer aussi l'avenir de leurs enfants sur le plan financier. Nous n'attenterons en aucun cas défavorablement à cette aspiration, à ce goût pour l'épargne des parents pour leurs enfants en brisant les chaînes de l'usure, fort au contraire.

La possibilité de faire des économies augmentera si notre économie est libérée un jour du joug des chaînes de l'usure, lequel joug afflige tout. Nous avons déjà vu à l'aide de l'exemple de l'individu qui perçoit 10 000 marks de revenu et 5000 marks de rente, que toutes les petites et moyennes fortunes sont véritablement privées de toute efficience par le moyen détourné des impôts directs et indirects qui pèsent sur les loyers. Je ne puis le répéter assez souvent, l'intérêt des prêts des petites et moyennes fortunes est une duperie, une imposture, une manière de tourner en rond, mais avec assez d'esprit démoniaque, le grand capital financier a fait répandre et proclamer la foi dans la sainteté et l'invulnérabilité de l'intérêt, par la presse qui lui est soumise dans le monde entier. Le capital laisse en apparence participer tout le monde à la jouissance charmante et enivrante de l'intérêt, pour assoupir la mauvaise conscience qui devrait procéder immanquablement de la jouissance oisive et nonchalante de l'intérêt.

Le fonctionnaire, l'homme politique diront : l'État ne peut pas forfaire aux engagements contractés jadis, ainsi qu'à ses obligations vis-à-vis de ses créanciers.

Qu'est-ce que veut dire, « engagements » ? Est-ce plus éthique de contracter des engagements dont l'État sait tout de suite qu'il pourra seulement les observer s'il empoche de nouveau chez les créanciers la somme correspondante aux intérêts qu'il leur versera par la voie du prélèvement des impôts directs et indirects - où est ici la morale ? ! Ou alors, n'est-ce pas peut-être plus honnête de confesser : « les intérêts, je peux les payer à condition que je recouvre autant d'impôts, mais à l'époque, pendant la guerre, j'ai eu absolument besoin d'argent, c'est pourquoi j'ai commis des escroqueries avec les emprunts de guerre, pardonne-moi, mon cher peuple, c'était finalement pour toi, et maintenant, nous ne voulons plus jouer à cache-cache, moi l'État, je ne paie plus d'intérêts et toi, contribuable, tu n'as plus besoin de payer d'impôts, cela simplifie considérablement nos affaires. Nous faisons l'économie de l'énorme administration du fisc, ainsi que du service exceptionnel de l'intérêt.

N'est-ce pas d'accord ? Et vous, Monsieur Scheidemann,[38] n'apposerez-vous pas une autre fois à chaque colonne d'affichage votre nom comme secrétaire de l'ancien gouvernement compromis,[39] avec des déclarations farfelues relatives à la sécurité et à l'intangibilité des emprunts de guerre ? Vous vous compromettez seulement vous-même, c'est le grand capital financier qui jouit uniquement et seulement des avantages de toute cette escroquerie.

---

[38] Cacique du parti social-démocrate allemand (SPD) dans les années 20, c'est lui qui a proclamé la république après l'abdication de l'empereur Guillaume II et sa fuite à Dorn aux Pays-Bas le 9 novembre 1918. C'est un des membres du premier gouvernement du « Reich démocratique » après l'armistice du 11 novembre 1918. Il est superfétatoire de préciser que Scheidemann était honni par toute la droite allemande. Il fut de ces hommes que l'on a qualifiés de traîtres après l'armistice, et à qui l'on a imputé la légende « du coup de poignard dans le dos », *die Dolstosslegende.*

[39] C'est la légende du coup de poignard dans le dos (dolstosslegende) forgée par les nationalistes allemands et le haut commandement allemand, qui a refusé d'endosser la responsabilité de la défaite (l'Allemagne n'avait en effet pas été envahie), et l'a imputée aux hommes politiques libéraux et socialistes de l'époque. L'Allemagne invaincue sur le champ de bataille aurait été trahie de l'intérieur par les sociaux-démocrates et les libéraux, c'est eux qui ont formé le premier gouvernement « démocratique » après la défaite et qui ont demandé l'armistice, d'où l'expression sibylline de *gouvernement compromis* utilisée par Feder.

Le politique soumis à la finance et à l'expert bancaire proclamera impossible la rupture des chaînes de l'usure pour les emprunts de guerre et la dette publique, parce que cela équivaudrait, selon eux, à une banqueroute de l'État.

Je vous demande pardon - nous sommes déjà en faillite d'après leurs déclarations, ou nous allons l'être bientôt. Mais une déclaration publique de faillite serait la plus grande sottise que nous pourrions faire ; il en résulterait prématurément une incapacité effective des dirigeants actuels et aussi la sanction historique de cette incapacité.

Pourquoi donc faire faillite, quand je sors 3 marks de la poche droite de mon pantalon et les enfonce dans la poche gauche, alors ne dois-je donc pas déclarer la faillite de la poche droite !

Avec les emprunts de guerre, la situation est semblable. L'État fédéral est allé chercher dans les poches du peuple les premiers milliards existant réellement, ensuite les fonds ont été reversés ; après, vint un nouvel emprunt et l'argent afflua derechef ; la pompe survint encore une fois de plus et aspira les milliards, et ces derniers fondirent de nouveau jusqu'à ce que l'État accumulât avec bonheur 100 milliards de dettes, après que l'on eut réitéré ce petit jeu 9 fois. Pour cela, le peuple avait dans les mains 100 milliards de beau papier imprimé. D'abord, il s'est imaginé qu'il était devenu tant et si riche que..., mais l'État vint et dit : «C'est affreux, j'ai

100 milliards de dettes et je m'apprête à faire faillite. » - et pourquoi donc ? Tout cela n'est qu'illusion spécieuse ! Moi-même, je ne peux pas faire banqueroute quand je prends l'argent d'une poche pour le mettre dans l'autre. Donc, pour ce qui est de la faillite de l'État, eu égard à nos dettes qui viennent de nos emprunts de guerre, nous pouvons nous rassurer. C'est pourquoi nous n'avons vraiment pas besoin de proclamer la faillite de l'État, et nous pouvons faire l'économie de ce gigantesque travail, engendré par ces intérêts stupides et ces impôts encore plus stupides. Libérons nous donc enfin de la prise en charge des affaires du capital. Il n'y a que le grand capital qui profite de cette escroquerie mêlant emprunt, intérêts et impôts, car il lui reste un joli magot, et le peuple laborieux règle l'excédent sous la forme d'impôts indirects ; mais les petits et moyens patrons tournent toujours pendant ce temps simplement en rond.

Le politique, suppôt de l'économie mondiale, rétorque : Il est impossible que nous brisions uniquement les chaînes de l'usure chez nous en Allemagne, cela doit se faire au niveau international, sinon nous perdons tout crédit, les capitaux fuient et nous devons, vis-à-vis de l'étranger, honorer nos obligations relatives au paiement des intérêts.

Je confesse que moi-même, quant à ma position sur cette question, je fus très confus pendant très longtemps. Cette question est la plus difficile parce qu'elle nous conduit à considérer que nous ne sommes pas seuls, mais que nous avons aussi des rapports mutuels avec le reste du monde. Cependant, la chose présente deux aspects. D'une part, l'idée de la rupture des chaînes de l'usure est le cri de guerre de tous les peuples créateurs[40] contre l'internationale de

---

[40] La notion de *peuple créateur (schaffendes volk)* est une notion forgée par certains intellectuels européens et écrivains de droite du XIXe siècle, lesquels considéraient que certains peuples étaient plus aptes et plus prompts au progrès scientifique, intellectuel et moral que d'autres. Le premier de ces penseurs est bien sûr Gobineau avec son *Essai sur l'inégalité des races humaines* au milieu du XIXe siècle. Mais cette pensée n'était pas uniquement circonscrite aux cénacles réactionnaires, aristocratiques et racistes. On l'oublie souvent, mais la pensée républicaine française de la IIIe République va être très influencée par ces théories. Il faut simplement lire certains ouvrages de Jean-Marie Guyot, philosophe mort trop tôt, intellectuel républicain précoce et auteur avec sa mère Augustine Tuilerie de pratiquement tous les grands ouvrages scolaires de la IIIe république. Guyot considérait que le métissage avec des « races inférieures » (c'est son expression), entendez Asiatiques, Noirs et Arabes, doit être proscrit parce que le métissage est un crime inexpiable contre l'évolution de l'humanité et dilue les « races supérieures » (entendez surtout les Européens du Nord dans lesquels il met les Français, qu'il considère avec les Allemands et les Anglais comme les 3 plus grands peuples de l'humanité, c'est-à-dire les plus aptes au progrès scientifique, moral et intellectuel - il dira par exemple que les Espagnols sont inaptes au progrès parce qu'ils n'ont aucun scientifique et savant de renom).
Tout ce courant de pensée va voir dans la race blanche l'élément moteur de l'humanité, et au sein de celle-ci, verra en général dans les peuples germaniques les peuples les plus nobles et les plus perfectibles, au premier chef les Allemands, bien sûr qui ont vocation à détenir un jour le sceptre du progrès et de la civilisation. Inutile de dire que la réception de cette pensée a été très bonne en Allemagne, où elle fit florès.

l'usure, et d'autre part cette idée est la panacée radicale pour remédier à la situation déplorable de nos finances. Il n'y a en fait aucune raison de ne pas faire usage de ce remède parce que le voisin, à côté, tout aussi moribond, n'en ferait pas usage en même temps. Ce serait donc le comble de l'ineptie, si nous, en Allemagne, nous continuions à nous mouvoir dans cette folle quadrature du cercle et à payer intérêts et impôts, alors que nous avons clairement établi que toute cette mascarade sert exclusivement les intérêts des grands capitalistes. Partant, soyons des modèles avec notre exemple libérateur, secouons le joug de l'usure et nous verrons bientôt que la force de cette idée émancipatrice et victorieuse déterminera les peuples du monde à nous suivre.

Je suis même convaincu que ce début qui est le nôtre - si ce début n'est pas réprimé par les suppôts allemands du veau d'or - transportera les autres peuples avec une irrésistible nécessité.

Le spartakiste,[41] quant à lui, dit : Toute cette idée revient à ménager le capital ; rien n'a changé, le pauvre n'a rien et les riches restent riches.

---

[41] Les spartakistes : de Spartacus, l'esclave thrace qui a fomenté la seule révolte d'esclaves vraiment dangereuse pour Rome, en Italie du sud, et ébranlé, ou disons éprouvé fortement l'Empire romain

Oui, mon ami, c'est surtout très dur de s'entretenir avec toi si tu es dans le tréfonds de ton âme un communiste, et que tu veuilles donc vraiment obtenir que « l'appartenance de tout à tout le monde » soit un impératif, si tu as été instruit des véritables idées des grands chefs bolcheviques en Russie, particulièrement Lénine, et considères ces idées comme justes, partant si tu considères comme humainement possible « la reddition générale des comptes et le contrôle de l'ensemble de la production et de la distribution » que Lénine a qualifiés de prochains objectifs de la République soviétique. Si tu comprends intégralement que cet objectif, si tant est qu'il soit applicable, le serait seulement dans un État coercitif épouvantable, et que tu demeures encore un communiste ou un spartakiste convaincu dans

---

pendant 2 ans, de -73 à -71). Crassus et Pompée ont réussi à réprimer et à soumettre la sédition et ont crucifié pour l'exemple 6000 esclaves sur la via Appia.

Les spartakistes ont constitué le premier mouvement socialiste révolutionnaire et insurrectionnel de la fin du Reich impérial et du début de la République de Weimar *(Spartakusbund* : ligue Spartakus). Ce groupe s'est formé à l'aile gauche du *SPD* en 1916 sous les auspices de Karl Liebknecht, Clara Zetkin et de Rosa Luxemburg. La ligue Spartakus fonda le 1er janvier 1919 le *KPD, kommunistische Partei Deutschlands,* parti communiste allemand. Le gouvernement allemand provisoire a réprimé l'insurrection spartakiste à Berlin dans le sang au cours de la semaine sanglante du 6 au 15 janvier 1919, ce qui va avoir de grosses conséquences politiques pour la suite. Karl Liebknecht et Rosa Luxembourg furent assassinés lors de ces troubles par des officiers des corps francs *(Freikorps).*

le tréfonds de ton être, alors ne poursuivons plus cette controverse, nous ne nous comprenons décidément pas, nous parlons chacun une langue étrangère à l'autre et l'avenir nous dira si l'État coercitif de la vareuse[42] pourra naître dans la dernière embuscade du chaos bolchevique, ou si c'est le nouvel État auquel j'aspire avec une économie débarrassée de l'usure. Mais si, au-dessus du tréfonds de ton âme communiste, tu es honnête, si tu penses encore, si tu aspires, dis-je, avec ferveur à avoir femme et enfants, à avoir une âme humaine qui te soit plus proche que celle d'un esquimau ou d'un nègre,[43] si tu penses, en songeant au travail d'usine ordonné par le

---

[42] Petit persiflage de Feder à l'encontre de l'État communiste, la vareuse est une veste que portent les pêcheurs et certains ouvriers dans leur travail.

[43] Feder emploie le terme très péjoratif de Zulukaffer pour désigner une personne d'origine africaine que l'on pourrait simplement traduire par *cafre,* mais aujourd'hui *cafre* ne signifie plus grand-chose dans l'inconscient collectif, il n'y a que les ethnologues qui emploient ce terme pour désigner une population autochtone d'Éthiopie. Dans les années 20, on employait souvent ce terme dans les langues germaniques du groupe occidental (néerlandais et allemand, linguistiquement bas allemand et haut allemand). Ce terme très péjoratif de *kaffer* est en revanche encore très courant dans le néerlandais que l'on parle en Afrique du Sud (l'afrikaans) pour désigner des individus d'origine africaine. Pour bien traduire l'acception péjorative de Zulukaffer, il a donc fallu employer un terme péjoratif, « nègre » est sans doute le terme le plus idoine.

commissaire soviétique, au fait que ce serait toutefois beau de posséder sa propre petite maison, son propre petit bout de jardin, que le fait de te sentir autorisé comme un chien dans la rue à employer chaque femme de petite vertu qui passe à des faits déshonnêtes, ne te donne pas satisfaction, si tu penses seulement au fait d'épargner quelque chose sur ton salaire qui ne doive appartenir qu'à toi, alors tu n'es déjà plus un communiste, alors tu as déjà rompu dans ton cœur avec ton mot d'ordre proclamé si fort « tout appartient à tout le monde », alors tu ne veux justement pas que tout appartienne à tout le monde, tu désires que tout ce que tu souhaites, femme, enfants, propriété, épargne (que tu les aies déjà ou que tu espères seulement les avoir), n'appartienne qu'à toi seul. Et tu vois mon ami, si tu demandes seulement dans ton for intérieur qu'il ne te serait pas tout à fait indifférent que le premier venu arrive et te prenne simplement ce que tu as économisé au nom du « tout le monde», qu'il t'amène un autre enfant, qu'il emmène le tien, parce que tous les enfants appartiennent à tout le monde, alors, mon ami, nous ne sommes plus tout à fait dans un dialogue de sourds. Souffre par conséquent que je te demande de considérer plus attentivement l'idée selon laquelle le message communiste, où tout doit appartenir à tout le monde, ne signifie pas la fin de toute civilisation, où tout défaut de notion de propriété fait régresser l'homme au niveau de l'animal avec une logique implacable !

Quand tout appartient à tout le monde, quand dans le meilleur des cas où une reddition des comptes et un contrôle de l'ensemble de la production et de la distribution publiques seraient coercitifs au sens de Lénine, il s'ensuit la naissance d'un État fourmi. Alors ensuite, nous pouvons renoncer à la parole, abandonner notre âme, nos pensées, nous pouvons exécuter nos travaux forcés instinctivement et silencieusement. La fin de l'homme est là.

J'en ai assez dit, ami Spartacus. Médite maintenant dans ta tête et dans ton cœur ces considérations fondamentales ! Une réponse plus précise à ta question sera faite à l'occasion des controverses avec les autres partis.

Et maintenant, vous camarades des deux courants socialistes, modérés et indépendants[44] *!*

---

[44] Feder fait ici allusion aux deux courants principaux du socialisme allemand « démocratique » des années 20, le parti social-démocrate classique qui est le *SPD*, ce sont les modérés et l'USPD *(unabhängige Sozialdemokratische partei Deutschlands)*, le parti social-démocrate indépendant d'Allemagne. Ce parti est né en 1917 de la scission au sein du *SPD* d'une aile gauche qui avait refusé de voter les crédits de guerre et d'apporter son soutien à la politique de gouvernement du *Reich*. Après avoir activement participé à la révolution de novembre, *l'USPD* occupa 84 sièges au premier *Reichstag* (1920). Par la suite, la plupart des membres

Je ne puis me figurer qu'une opposition sérieuse ou des objections contre la rupture des chaînes de l'usure puisse provenir de votre camp, ou alors, dois-je vraiment m'expliquer sur le fond avec vous, avec l'imaginaire socialiste, en partant de Marx jusqu'aux coryphées actuels Ebert, Scheidemann, Kautsky, etc.

1. Ce que veulent les socialistes : l'élévation de la classe des travailleurs est une idée absolument magnifique ; jusqu'ici, nous sommes d'accord.

2. Les moyens employés pour accomplir ce très grand dessein sont presque tous complètement erronés, parce que...

3. parce qu'ils sont tous construits sur des hypothèses spécieuses.

4. La conception socialiste de l'État conduit de manière conséquente au communisme, donc au déclin.

5. Mais parce que la social-démocratie nourrit un autre objectif, l'élévation de la classe ouvrière et en général de l'ensemble du peuple du travail, elle se trouve devant un conflit intérieur effroyable, parce que les conséquences logiques du marxisme conduisent directement à l'opposé

---

adhérèrent au *KPD* (parti communiste allemand), une minorité retourna au *SPD. L'USPD* disparut en 1922.

de ce que le mouvement ouvrier propose en pratique.

6. De ce déchirement intérieur il en résulte des incertitudes qui sont de notoriété publique à la tête du gouvernement.

7. Contre le mouvement spartakiste et le communisme bolchevique, il faut, à cause de ce grand objectif pratique qui est l'élévation de la classe ouvrière, tirer un trait très épais, et il faut combattre leurs méthodes avec tous les pouvoirs possibles. Mais la social-démocratie organisée en syndicat se sent aujourd'hui faible contre ces groupes extrémistes, parce qu'elle a adopté la façon de penser marxiste comme principe d'enseignement, et parce que tous les raisonnements marxistes mènent logiquement au communisme.

Maintenant la preuve : le point 2 dit que la voie embrassée par la social-démocratie est presque totalement fausse.

L'hostilité générale encouragée et exacerbée des uns envers les autres a abouti à créer un profond clivage dans la population au sein de notre propre nation. Les insultes constamment proférées à l'endroit des employeurs de tout type, de toutes les professions libérales considérées comme des exploiteurs et des vampires souillant le travailleur manuel, supposé être le seul à travailler, a conduit à un ressentiment injustifié et à l'arrogance de la classe ouvrière, laquelle arrogance, se manifeste aujourd'hui logiquement dans la revendication de la « dictature du prolétariat » (*Manifeste du parti communiste*). La revendication cardinale du programme d'Erfurt[45] - le transfert de la propriété privée des moyens de production à la communauté - s'est aujourd'hui condensée dans le cri appelant la socialisation.

Que la socialisation intégrale signifie le déclin de notre économie, la banqueroute totale, tous les hommes politiques honnêtes en sont parfaitement conscients. Mais personne n'ose l'avouer franchement et ouvertement au peuple.

Ce n'est pas la socialisation mais la « désocialisation » qui devrait être la solution. On essaie alors de compenser les mécomptes manifestes de toute socialisation par des projets fiscaux fantastiques, et par ce biais exproprier pour la deuxième fois les expropriateurs. Cela ne signifie rien d'autre que de livrer l'économie entière à la ruine totale. À la place d'une augmentation de la production (il ne peut être question d'un doublement de la production, comme toute la littérature socialiste l'a promis pour la période après la révolution), c'est le contraire qui s'est produit. La pire des situations

---

[45] Programme de base des sociaux-démocrates allemands de 1891 à 1919, rédigé au congrès d'Erfurt après l'abolition des lois anti-socialistes.

serait celle où le gouvernement socialiste actuel souscrirait à des emprunts étrangers. Ainsi, notre ruine économique serait non seulement scellée, mais nous nous jetterions complètement dans le système usuraire de l'Entente,[46] nous parviendrions ici à un point de non-retour.

L'erreur principale, l'erreur fondamentale sur laquelle repose tout cet enchaînement fallacieux de barèmes, de revendications et promesses au peuple, réside dans une conception erronée du capital industriel et du capital financier. Le manifeste du parti communiste, le programme d'Erfurt, Marx, Engels, Lasalle, Kautsky, n'ont pas reconnu la différence abyssale entre le capital industriel et le capital financier.

Sur ce point, toute la social-démocratie doit réviser ses conceptions, cette erreur fondamentale doit être reconnue clairement et avouée sincèrement sans hésitation. Mais il faut ensuite en tirer sans complaisance les seules conclusions

---

[46] L'Entente constitue l'alliance des anciennes puissances belligérantes ennemies de l'Allemagne pendant la Première Guerre mondiale (France, Royaume-Uni, Russie), elle évoque pour l'inconscient collectif de beaucoup d'Allemands patriotes cultivés (deutsches Bildunsbürgertum) et de nationalistes allemands, l'Occident décadent honni, la haine inexpiable de l'Allemagne, le matérialisme vile et vulgaire, la sous-culture et la ploutocratie internationale.

possibles. Ces dernières signifient une abjuration radicale, elles signifient un renoncement total à la colère insane, parce qu'elle est complètement irrationnelle et animée contre l'industrie et contre le patronat ; les employés et les employeurs sont faits pour s'entendre, ils ont le même but, le travail, la production, car sans production, il n'y a pas de travail, pas de vie, pas de culture, pas de progrès et d'ascension. Les antagonismes entre les hommes - logiques et inévitables précisément parce que les hommes sont uniquement des hommes - sont beaucoup moins importants que les grands intérêts communs entre employeurs et employés. Ces contradictions peuvent et pourraient être résolues par la voie de la convention collective et de l'organisation de l'entreprise, afin de satisfaire les deux partenaires sociaux.

Néanmoins, nous ne voulons pas approfondir le traitement de ces questions secondaires, appréhendées dans le cadre des grandes problématiques politiques, et nous voulons derechef seulement constater que l'intérêt de l'ensemble des employés est exactement le même que celui de notre industrie nationale, de notre économie nationale.

Celui qui professe une vision différente, qui met au premier plan les intérêts opposés des employeurs et des employés, et considère ces intérêts opposés comme plus importants, s'en prend de manière irresponsable aux employeurs, car il coupe la racine de l'arbre qui nourrit et soutient les employés. Mais c'est ce que la social-démocratie a fait, elle a contracté ainsi une dette imprescriptible à l'endroit des travailleurs, et ainsi elle a plongé notre peuple dans une misère sans nom parce qu'elle ne peut pas honorer toutes ses promesses, parce qu'elle ne peut pas nous apporter la paix harmonieuse entre partenaires sociaux, parce qu'elle ne peut pas créer d'emplois, parce qu'elle doit de nouveau mettre sur pied une puissance militaire, parce qu'elle ne peut s'en sortir sans fonctionnaires, parce qu'elle doit imposer l'obligation de travail, parce qu'aucun homme ne peut vivre du suffrage universel direct et égal pour les hommes et les femmes de plus de 20 ans, parce que sans la protection des biens et des personnes par la puissance publique, le chaos règne, parce que sans intégration et subordination de l'individu à la communauté, aucun État n'est viable.

Ainsi, une profonde vague pleine de désespérance et de désillusions se meut à travers le peuple tout entier ; quand les individus ne comprennent rien depuis si longtemps, alors les ministres, les députés et les élus continuent à se narrer allègrement des histoires comme celle qui raconte qu'il faut protéger les conquêtes de la

Révolution[47] contre la « réaction » ; deux notions dont aucun homme d'État probe ne pourrait dire clairement ce qu'il entend en général à leur propos.

Les agitations négatives de la Révolution, la déchéance d'une série de dynasties n'ayant plus lieu d'être mais ayant réussi à se survivre encore au XXᵉ siècle, la révocation des officiers, l'abolition de la noblesse, la dissolution de l'armée, en bref la « grande rupture » n'est pas une conquête.

Et une réaction ? ! La théologie vermoulue de la grâce de Dieu, qui a été balayée, ne jouit nulle part dans le peuple d'un appui moral suffisant pour que l'on en arrive à une quelconque action

---

[47] Celle de la République de Weimar qui a inauguré en Allemagne le premier régime libéral et démocratique de type occidental de son histoire (c'est ce qu'on appelle la démocratie libérale), c'est-à-dire un régime où la séparation des trois pouvoirs est assurée, les droits fondamentaux proclamés et garantis, le Premier ministre responsable devant la représentation nationale, et où toutes les sensibilités philosophiques et religieuses ont droit à l'existence et à la représentation politique.
La droite allemande de la République de Weimar abhorrait ce régime parce qu'elle le considérait comme non allemand (undeutsch) et importé par les vainqueurs. Exemple parmi d'autres, Spengler considérait le libéralisme politique comme « l'armée anglaise invisible que Napoléon avait laissée, depuis Iéna, sur le sol allemand. »

énergique. La bourgeoisie est, dans la mesure où il s'agit vraiment du bourgeois caricatural, trop pleutre, trop corrompue moralement pour se reprendre contre les travailleurs à la conscience de classe affermie ; ainsi devant une réaction dynastique et bourgeoise, les travailleurs n'ont pas à avoir peur de la classe dirigeante.

Mais la profonde désillusion du peuple au sujet desdites conquêtes de la Révolution, c'est-à-dire à propos du défaut de toute amélioration véritable de la condition du peuple, voilà qui constitue le grand danger. Ce désenchantement conduit à un glissement vers la gauche de masses importantes de la population, car tout ce qui a été promis a donné lieu à des surenchères de toutes parts.

À la fin, on ne peut plus promettre « tout à tout le monde ». Et c'est pure vésanie ; chaque idée, chaque phénomène, chaque action tendue et exagérée à l'extrême devient une folie et se mue ensuite en son contraire. Et ainsi vont aussi les idées communistes qui prévoient que tout doit appartenir à tout le monde, car cela finit et débouche sur le fait que tout le monde ne possède rien à la fin. La faim, le désespoir, la misère, la maladie et la détresse se sont installés en Russie, les hommes ont perdu les derniers sentiments de bonne humeur et de joie de vivre.

Je le répète : l'erreur fondamentale grossière de la pensée socialiste consiste en dernier lieu dans la méconnaissance de la différence essentielle entre la substance du capital industriel et du capital financier. Le capital financier dévoreur d'intérêts est le fléau de l'humanité, la croissance éternelle, sans effort et sans fin du grand capital financier conduit à l'exploitation des peuples, et non le capital industriel, créateur et producteur de biens et services.

Je ne puis passer ici à côté de l'analyse de la question de savoir pourquoi cette différence essentielle est méconnue ; si elle n'a pas été véritablement reconnue, ou si elle a été peut- être dissimulée pour le profit du grand capital, si le chef ou le prédicateur en lutte contre le capitalisme, le rédacteur du manifeste du parti communiste, du programme d'Erfurt, les leaders politiques actuels ont toujours agi avec la probité, la conscience nécessaire. C'est ce qu'il y a de pis et de plus grave, quand on met en doute la probité absolue et les convictions assises d'autrui. C'est d'autant plus dur quand on explore soi-même avec les plus grands scrupules les phénomènes de la vie d'après les causes et les rapports des choses entre elles. C'est pourquoi, je ne veux moi-même donner aucune réponse à ces questions, mais seulement attirer l'attention sur des grands et des sombres contextes en me référant à une sentence de Disraeli,[48] le grand Premier Ministre anglais Lord Beaconsfield :

Celui-ci écrit dans son roman « Endymion » :

> « Personne ne doit traiter à la légère le principe racial, la question raciale. Elle est la clé de l'histoire du monde. Et c'est seulement pourquoi l'histoire est si fréquemment confuse, parce qu'elle est écrite par des gens qui méconnaissent la question raciale et encore moins les éléments qui lui appartiennent ».

Le bourgeois.

Le bourgeois, pour lequel ne vaut que la tranquillité, devoir du bourgeois, est sûrement épouvanté, comme toujours par toutes les nouvelles idées, par toutes les nouvelles revendications révolutionnaires, cela signifie pour lui désordres, troubles, car le voilà obligé de réfléchir à ce sujet ! Tout changement lui répugne, il veut jouir de sa tranquillité et malheur à celui qui en voudrait à son porte-monnaie. Maintenant, on veut lui prendre ses intérêts, ses

---

[48] Un des plus grands hommes d'État conservateurs de l'histoire du Royaume-Uni au XIXe, Disraeli fut Premier Ministre de la couronne britannique pendant une bonne une partie du règne de la reine Victoria, laquelle l'estimait beaucoup et le combla de faveurs.

loyers, les intérêts de ses obligations foncières, ses intérêts hypothécaires, en bref, tout ce qui constitue sa tranquillité, lui procure de l'agrément et assure son bonheur, sa quiétude et son bien-être.

Toutefois nous devons analyser ce que les membres des classes possédant le capital financier auront à dire. Ils forment la bourgeoisie. Voici le bourgeois caricatural - ce type anthropologique dont nous ne pouvons plus rien faire, un rameau sur l'arbre de l'humanité qui, plus tôt il sera coupé, mieux cela vaudra. Nous parlons là du petit-bourgeois étroit, repu, suffisant, cantonné dans un horizon misérable, incapable d'enthousiasme. Ce sont là des hommes éternellement indifférents à tout, qui passent leur journée à muser ; tout d'abord ils boivent leur café, lisent le journal et prennent la choppe du matin, lisent ensuite le journal du soir, prennent leur repas de midi, font une petite méridienne, découpent des coupons-réponses, prennent leur choppe du soir, se rendent à la table des habitués de leur brasserie favorite, et quand il y a de l'ambiance, vont au cinéma. Ils n'entendent rien à tout ce qui agite le monde, à ce à quoi la jeunesse aspire, à ce qui est existentiel pour un peuple, un État, une société, ils n'ont cure des guerres et des victoires, ils sont veules et abrutis, arrogants et serviles à la fois, mais il est impossible de passer à côté de cette classe si importante.

Ainsi : avec la rupture des chaînes de l'usure, on anéantit le goût pour l'épargne, l'homme finit dans un asile de fou.

L'assertion, selon laquelle la rupture des chaînes de l'usure aurait généralement une influence sur le goût pour l'épargne, doit être infirmée avec détermination. Le sens de l'épargne a tout aussi peu à voir avec les conceptions économiques dominantes que, par exemple, le gaspillage.

Le sens de l'épargne et la passion dissipatrice sont des qualités humaines qui sont ou ne sont pas, peu importe si une époque prêche l'idéologie de l'intérêt ou la réprouve.

Dans une époque de transition, nous pouvons bien faire ressortir une élévation ou une diminution du sens de l'épargne. Mais j'incline dans le cas présent bien plus à l'opinion selon laquelle un homme raisonnable, et n'étant pas un béotien en économie, se dira la chose suivante : « Je ne peux plus à l'avenir compter sur le fait de pouvoir vivre uniquement de mes intérêts, mais je veux vivre dans ma vieillesse, et aussi laisser encore quelque chose à mes enfants, donc, je dois maintenant épargner plus ». C'est cet effet que devrait avoir, selon moi, la rupture des chaînes de l'usure sur la majorité des gens, car sinon ils seront, à un âge avancé, dépendants des aides sociales. Je dois en cet endroit insister derechef tout particulièrement sur le fait qu'avec l'imposition actuelle de la propriété à l'aide d'impôts directs et toutes les dépenses de la vie courante avec les impôts indirects, il ne reste rien des beaux intérêts, sauf quand - et c'est ce qui est injuste et ce qu'il faut combattre - le revenu entier provient d'une rente éternelle. Par conséquent, nous n'avons probablement pas à craindre un déclin du sens de l'épargne.

Est-ce que le grand capital (lequel est haïssable) est vraiment si stérile, n'a-t-il pas aussi créé les moyens qui ont permis des progrès grandioses, ayant apporté de grands fruits à l'humanité comme par exemple l'intérêt qui constitue le grand capital financier ?

Non ! Les termes de la question démontrent seulement que la phraséologie du veau d'or a gâté notre vue limpide.

Le grand capital n'a pas créé de moyens qui ont permis la réalisation de progrès admirables, mais le grand capital s'est constitué par le travail ! Tout capital est du travail accumulé. Le grand capital est en soi improductif parce que l'argent en soi est une chose complètement stérile. Par l'esprit, le travail, les matières premières existantes ou déjà exploitées, les richesses minières, de la valeur a été créée, des biens produits, par le travail et seulement par le travail. Car lorsque tant d'argent est déversé dans un champ gras ou une houillère, le champ ne produit pour cette raison aucun grain, la mine ne vomit de son propre chef aucune houille ! Cela, enfin retenons-le.

Si l'homme a inventé l'argent, cela est très significatif et compréhensible ; car dans toute économie différenciée et complexe, nous avons besoin de « cette indication du travail qui a été accompli et fourni[49] » (généralement reconnu). Mais que la force, qui habite ces « grands possesseurs d'argent », devienne tératologique quand elle croît - c'est l'argent quand il enfante des intérêts - c'est ce contre quoi notre conscience intime s'insurge, c'est ce qui distingue de manière criante l'argent des autres phénomènes terrestres, c'est ce qui fait de l'argent une idole. Tout cela est seulement l'imposture faite à soi-même, la plus monstrueuse de l'humanité. L'argent n'est capable de rien par lui-même, de rien du tout. Table, armoire, habits, maison, outil, en résumé, tout ce qui nous entoure a une valeur, malgré tout ; avec la plus vieille des tables, on peut finalement se chauffer et se réchauffer, mais je ne sais que faire d'un billet de 20 marks, je ne peux même pas envelopper un bout de fromage avec. Ce n'est qu'après que les hommes auront significativement convenu d'inscrire les indications du travail qui a été accompli et fourni pour la consommation et la facilitation des échanges de biens, que ce petit

---

[49] « Anweisung auf geleistete Arbeit », « indication du travail qui a été accompli et fourni ».

bout de papier acquerra seulement du sens et de l'esprit, et c'est très compréhensible que le paysan reçoive pour son grain non du charbon de la houillère, mais de l'argent, c'est-à-dire une indication du travail qui a été accompli et fourni ailleurs, comme par exemple des fourches à faner, de la vaisselle, la charrue et la faux. Mais là doit s'arrêter le pouvoir de l'argent.

Ce n'est donc pas l'argent qui a causé les progrès admirables de l'humanité, mais les hommes eux-mêmes, leur esprit intrépide, leur fière audace, leur sens avisé, la force de leurs mains, leur assiduité et leur constance dans leur travail en commun. Nous pouvons en contempler orgueilleusement et tangiblement les résultats. Ce furent les hommes qui les firent et non des morceaux misérables de papier que les hommes ont inventé pour simplifier les échanges économiques.

6.

Programme complémentaire

ais la rupture des chaînes de l'usure n'est pas l'objectif ultime de la nouvelle science politique, du nouvel art de gouverner, elle constitue en effet l'acte le plus décisif, le seul acte qui soit à même d'unir tous les peuples dans une véritable société des nations[50] contre le despotisme du veau d'or qui asservit tous les peuples. Mais ce n'est pas l'objectif ultime, dis-je. La rupture des chaînes de l'usure doit précéder toutes les autres initiatives,

---

[50] Dans l'entre-deux-guerres, les Nations-Unies d'aujourd'hui s'appelaient la Société des Nations, en allemand, la Société des Nations s'appelait « Völkerbund », c'est l'expression que Feder emploie ici. Les nationalistes allemands honnissaient la Société des Nations qu'ils réputaient très hostile à l'Allemagne. Les nationaux-allemands considéraient la Société des Nations comme une imposture des vainqueurs. Ils pensaient que les vainqueurs avaient institué la SDN pour fomenter éternellement des conjurations et une hostilité générale contre l'Allemagne, et cela sous couvert de neutralité et de droit international (sur la tartufferie du droit international, les analyses du grand politologue et juriste Carl Schmitt ont été magistrales et font toujours autorité aujourd'hui), d'ailleurs cette dernière ne fut pas acceptée à la SDN à sa création, il fallut attendre une dizaine d'années pour que l'Allemagne y fît son entrée.

démarches et avancées vers le progrès, parce qu'elle prend, comme nous l'avons vu, le mal planétaire à la racine et à la racine principale.

Ce ne sera que lorsque notre exigence capitale de rupture des chaînes de l'usure sera satisfaite que la voie vers l'État social sera libre. Il faut reconnaître cela et l'imposer en dépit de tous les pouvoirs qui sont aux mains du veau d'or. Un État socialiste qui repose sur un fondement mammonique (veau d'or) - le cri appelant au socialisme n'est alors rien d'autre que la tentative de parvenir à réunir en trust toutes les industries, et de former partout des immenses consortiums, sur lesquels le grand capital financier exercera naturellement une influence décisive, ainsi que tous les impôts qui grèveront à l'avenir de nouveau toutes les fortunes - est une insanité et conduit avec une nécessité naturelle au compromis entre la social-démocratie, déjà gravement contaminé par le veau d'or, et le grand capital.

Nous, en revanche, nous exigeons une apostasie radicale de l'État mammonique, et l'édification d'un État dans le véritable esprit du socialisme, dans lequel l'idée fondamentale dominante sera l'obligation alimentaire. Dans cette dernière, une vieille revendication communiste et une des plus importantes pourra trouver une satisfaction raisonnable et significative dans une configuration où chaque membre du peuple[51] recevrait un droit sur sa terre natale, qui lui serait attribué grâce à l'intervention de l'État, qui distribuerait les produits alimentaires les plus importants.

Nous exigeons en outre comme armature du nouvel État une représentation nationale qui procéderait des chambres des représentants du peuple, lesquelles seraient élues sur la base la plus large, ensuite une chambre corporative du travail, le conseil central dans lequel le peuple du travail pourra s'exprimer selon sa catégorie professionnelle et sa fonction dans l'économie.

Enfin, nous exigeons la plus grande responsabilité pour les dirigeants de l'État. Un autre ouvrage traitera de cette nouvelle organisation de l'État sur une base aristocratique et socialiste, il paraîtra bientôt dans la même maison d'édition. Mais la condition pour toute cette organisation demeurera la rupture des chaînes de l'usure.

---

[51] « membre du peuple » est encore très idiomatique, il traduit *Volksangehörige,* un terme qui appartient au lexique des nationalistes allemands.

Ma croyance inébranlable, mais plus encore, ma science, me laisse précisément entrevoir que la rupture des chaînes de l'usure non seulement s'imposera, mais sera accueillie de toute part avec des transports de joie indescriptibles, et il le faut, car attention : contre tous les autres mouvements, idées et aspirations si bien intentionnées qui visent à améliorer le sort du genre humain, mon projet ne propose pas d'améliorer la nature humaine. Il est dirigé contre un poison, contre un phénomène qui, fondamentalement, à l'opposé de la nature intime de l'homme, a été inventé artificiellement, diaboliquement pour rendre l'humanité malade, la plonger profondément dans le matérialisme, la dépouiller dans ce qu'elle possède de plus noble : l'âme. À côté de lui, marche la tyrannie effroyable et impitoyable de la ploutocratie internationale pour laquelle les hommes sont encore plus que des esclaves de l'intérêt, ils sont là pour travailler et payer ses rentes et ses intérêts.

Profondément émus, nous reconnaissons l'évidence et l'effroyable vérité de l'antique prédiction biblique, d'après laquelle le dieu des juifs Yahvé promet solennellement à son peuple élu : « Je veux te faire don de tous les trésors de la terre, à tes pieds se prosterneront tous les peuples de la terre et tu régneras sur eux ».

Ce problème planétaire a été exposé devant vous. Les problèmes planétaires ne se résolvent pas en un tour de main, mais l'idée est limpide comme le jour. Et le jour doit être préparé scrupuleusement, nous devons comprendre que nous faisons face à l'ennemi le plus puissant, les ploutocraties qui emprisonnent le monde dans leurs geôles.

Elles détiennent tout le pouvoir, nous, nous n'avons que notre droit, le droit éternel du travail créateur.

Tendez-moi la main, travailleurs de tous les pays, unissez-vous[52] !

---

[52] Conclusion ironique de Feder qui démarque la formule célèbre de la péroraison du *Manifeste du parti communiste* de Marx : « Proletarier aller Länder, vereinigt euch ! », Prolétaires de tous les pays, unissez-vous !
Feder emploie ici une parodie : « Reicht mir die Hände, Werktätige aller Länder, vereinigt euch ! »

Le Retour aux Sources éditeur

ÉDITIONS LE RETOUR AUX SOURCES

LA GUERRE DES MONNAIES
LA CHINE ET LE NOUVEL ORDRE MONDIAL

HONGBING SONG

Une guerre mondiale est en cours, qui a des monnaies pour armes et pour munitions, une guerre aussi meurtrière qu'elle est, à ce jour, invisible...

ÉDITIONS LE RETOUR AUX SOURCES

ZBIGNIEW BRZEZINSKI

VISION STRATÉGIQUE
L'AMÉRIQUE ET LA CRISE DU POUVOIR MONDIAL

Une expertise inégalée en matière de politique étrangère...

ÉDITIONS LE RETOUR AUX SOURCES

CIA ORGANISATION CRIMINELLE
Comment l'agence corrompt l'Amérique et le monde

Une analyse du rôle secret, mais fondamental, de la CIA dans la quête de domination globale menée par les États-Unis...

LE RETOUR AUX SOURCES

Les secrets de la RÉSERVE FÉDÉRALE

par Eustace Mullins

Une révélation sur la manière dont fonctionne réellement le monde...

LE RETOUR AUX SOURCES

C🦠VID-19

CHRONIQUES D'UNE PANDÉMIE

LE GOUVERNEMENT DE LA PEUR

préface d'Anne Brassié

Jean-Michel VERNOCHET

Jean Michel Vernochet, le très informé, met en lumière tous les complots

LE RETOUR AUX SOURCES

GILETS JAUNES

LES RACINES DE LA COLÈRE

Vers l'insurrection civile

Jean-Michel VERNOCHET

Le Pays réel habillé de jaune, est en guerre contre un système qui le tue...

ÉDITIONS
LE RETOUR AUX SOURCES
Gauche vs Droite
LA GUERRE CIVILE FROIDE
LA THÉOGONIE RÉPUBLICAINE DE ROBESPIERRE À MACRON

Jean-Michel VERNOCHET

La guerre idéologique du XXIème siècle, après avoir opposé capitalisme et collectivisme, fait aujourd'hui se confronter le globalisme, soit la République universelle, aux Nations et aux traditions...

ÉDITIONS
LE RETOUR AUX SOURCES
LA DÉBÂCLE
GUERRES OLIGARCHIQUES CONTRE LES PEUPLES

Jean-Michel VERNOCHET

Les guerres actuelles sont des conflits de normalisation destinés à fondre les peuples, les identités et les souverainetés, dans le grand chaudron du mondialisme apatride, déraciné et nomade...

ÉDITIONS
LE RETOUR AUX SOURCES
POST COVID-2.0
DÉCONFINEMENT À REBOURS & MUSELIÈRE POUR TOUS

Jean-Michel VERNOCHET

La social-démocratie, matrice toujours féconde, parturiente d'une humanité déchue...

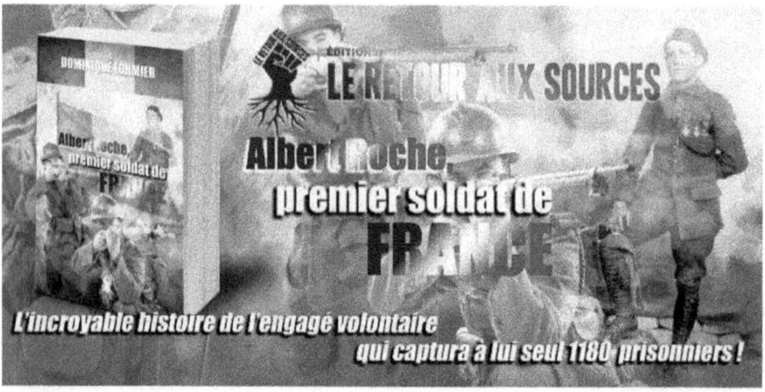
premier soldat de
L'incroyable histoire de l'engagé volontaire
qui captura à lui seul 1180 prisonniers !

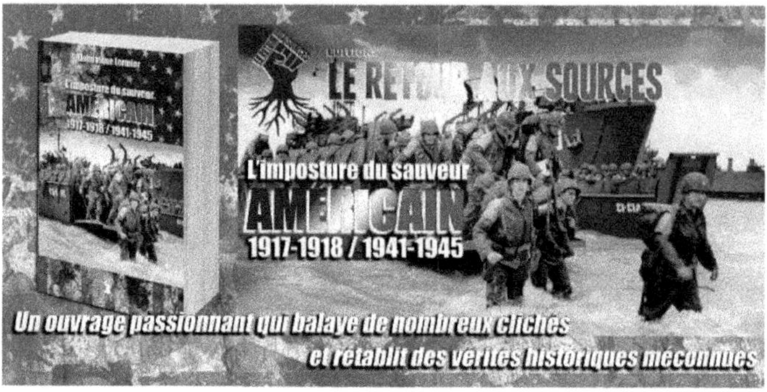
L'imposture du sauveur
1917-1918 / 1941-1945
Un ouvrage passionnant qui balaye de nombreux clichés
et rétablit des vérités historiques méconnues

ÉDITIONS
LE RETOUR AUX SOURCES
HISTOIRE DE L'ARMÉE FRANÇAISE
des origines à nos jours
L'armée française a souvent occupé
la première place en Occident
Certains de ses chefs militaires ont marqué le monde par leur génie tactique et stratégique

ÉDITIONS
LE RETOUR AUX SOURCES
LES GRANDES BATAILLES
de la
PREMIÈRE GUERRE MONDIALE
Une vision globale, tactique et stratégique des douze grandes batailles
qui marquèrent un tournant dans l'histoire militaire

ÉDITIONS
LE RETOUR AUX SOURCES
LES GRANDES BATAILLES
DE L'HISTOIRE DE FRANCE
d'Hastings à la Libération
1066-1945
« La France fut faite à coups d'épée »
Cette citation de Charles de Gaulle dit bien ce que
la France doit aux grandes batailles qu'elle a dû livrer pour construire ses frontières...

Dominique Lormier
ÉDITIONS
LE RETOUR AUX SOURCES
LES VICTOIRES FRANÇAISES
de 1914 à nos jours
L'auteur démontre clairement que
l'armée française a souvent joué un rôle prépondérant

ÉDITIONS
LE RETOUR AUX SOURCES
COLLECTIF EUROPÉEN POUR UNE INFORMATION LIBRE
CHOC ET SIMULACRE
PRÉSENTÉ PAR MICHEL DRAC

ÉDITIONS
LE RETOUR AUX SOURCES
ESSAIS
MICHEL DRAC
PENSER LE RÉEL POUR SORTIR DU SYSTÈME

ÉDITIONS
LE RETOUR AUX SOURCES
EUROCALYPSE
COLLECTIF SOLON & MICHEL DRAC

ÉDITIONS
LE RETOUR AUX SOURCES

PAUL DAUTRANS

LA DIXIÈME PORTE

SI VOUS TRAVAILLEZ EN ENTREPRISE, MÉFIEZ-VOUS DE CE LIVRE...

ÉDITIONS
LE RETOUR AUX SOURCES

MAURICE GENDRE & JEF CARNAC

LES NOUVELLES
SCANDALEUSES

LE MONDE DANS LEQUEL VOUS VIVEZ N'EST PAS LE MONDE QUE VOUS PERCEVEZ...

ÉDITIONS
LE RETOUR AUX SOURCES

PAUL DAUTRANS

MANUEL DE
L'HÉRÉTIQUE

UN LIVRE QUI METTRA EN COLÈRE ABSOLUMENT TOUS LES CONS

ÉDITIONS
LE RETOUR AUX SOURCES
MICHEL DRAC
TAPIS DE BOMBES
MICHEL DRAC DYNAMITE UNE À UNE TOUTES LES POSITIONS DU SYSTÈME

ÉDITIONS
LE RETOUR AUX SOURCES
TRIANGULATION
REPÈRES POUR DES TEMPS INCERTAINS
MICHEL DRAC
NOUS APPROCHONS MANIFESTEMENT D'UN MOMENT CRITIQUE DANS L'HISTOIRE DE NOTRE PAYS

ÉDITIONS
LE RETOUR AUX SOURCES
JEF CARNAC
VENDETTA
L'ARGENT, LE POUVOIR, LA CÉLÉBRITÉ...
RIEN NE VOUS PROTÉGERA

Puisse cette description donner des idées à un chercheur d'autonomie...

Un incident réel ou fictif servira à déclencher les opérations, les populations ne réagissant pas...

ÉDITIONS
LE RETOUR AUX SOURCES

Stratediplo

Le quatrième cavalier
l'ère du coronavirus

Préface de Piero San Giorgio

ÉDITIONS
LE RETOUR AUX SOURCES

Stratediplo

Le septième scénario
Sécession d'une minorité
Préface du colonel Hogard

"Si vous êtes Français, si vous aimez votre pays, il faut lire ce livre" Piero San Giorgio

ÉDITIONS
LE RETOUR AUX SOURCES

LE LIVRE DU SANG
Sven et l'ancien testament

PRÉFACE DE LAURENT GUYÉNOT

Il y a mille raisons de s'indigner que cette cruelle divinité tribale ait pu être confondue avec le Dieu d'amour que prêche le Christ.

ÉDITIONS
LE RETOUR AUX SOURCES
LES MÉTHODES INFAILLIBLES DE CHARLES SANNAT
INVESTIR DANS L'IMMOBILIER
Le patrimoine immobilier tient une place toute particulière dans le cœur des Français

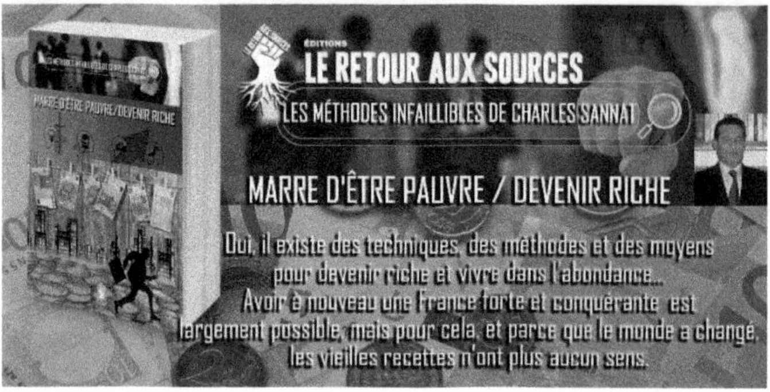
ÉDITIONS
LE RETOUR AUX SOURCES
LES MÉTHODES INFAILLIBLES DE CHARLES SANNAT
MARRE D'ÊTRE PAUVRE / DEVENIR RICHE
Oui, il existe des techniques, des méthodes et des moyens
pour devenir riche et vivre dans l'abondance...
Avoir à nouveau une France forte et conquérante est
largement possible, mais pour cela, et parce que le monde a changé,
les vieilles recettes n'ont plus aucun sens.

ÉDITIONS
LE RETOUR AUX SOURCES
LES MÉTHODES INFAILLIBLES DE CHARLES SANNAT
TROUVER UN TRAVAIL OU EN CHANGER
Imaginez qu'en tournant les pages de ce livre,
vous découvriez un monde totalement inattendu...

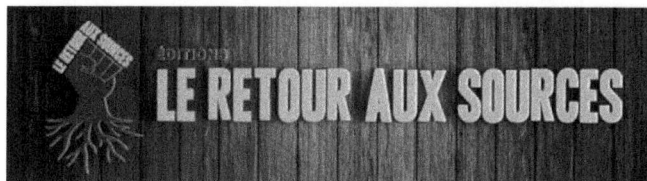

www.leretourauxsources.com

www.ingramcontent.com/pod-product-compliance
Ingram Content Group UK Ltd.
Pitfield, Milton Keynes, MK11 3LW, UK
UKHW021409120325
4964UKWH00033B/254